APRESENTAÇÃO

Pela terceira vez, e sempre com muita alegria, a Igreja do Brasil celebra o Ano Vocacional Nacional. Foi assim em 1983, em 2003 e agora em 2023! A cada 20 anos, renovamos a alegria de celebrar nossa vocação: este especial chamado que de Deus nós recebemos.

A Novena de Nossa Senhora nos convida a unir preces e corações por mais um ano vocacional. Na companhia de Maria, renovamos a certeza de que nossa vocação é amar e servir. Somos chamados a renovar nossa vocação de construir e manter a Casa da Mãe Aparecida.

Minha vocação sacerdotal e religiosa foi despertada no contexto do Ano Vocacional Nacional de 1983. Ainda na adolescência, aquele primeiro Ano Vocacional incentivou-me a servir a Igreja como Missionário Redentorista.

O tema escolhido para esta Novena nos faz entender a dimensão missionária do chamado de Deus: Maria, ensinai-nos que vocação é graça e missão! Nossa expectativa principal é despertar vocações sacerdotais e religiosas, sempre a serviço da Igreja de Cristo.

Toda vocação é missão dada por Deus, e, também por isso, esta novena quer celebrar todas as dimensões vocacionais, incluindo a vocação da família, dos leigos, dos jovens e de outros ministérios que promovem a construção de um mundo de justiça, fraternidade e paz.

Em sintonia com o Ano Vocacional, a Novena da Padroeira renova nossa disposição para o serviço missionário, à luz da Palavra de Deus. Toda a comunidade cristã é responsável pela animação, pelo cultivo e pela formação das vocações. Estimular a cultura vocacional é um jeito de ser Igreja e missão de todos nós.

Que a Festa da Mãe Aparecida ajude a Família dos Devotos a discernir e a acolher o chamado de Jesus como graça, na perspectiva do amor e do serviço! Que tenhamos novas oportunidades para nos fortalecer como uma família que reza pelas vocações, cuida, acolhe, constrói e evangeliza!

O primeiro compromisso vocacional da Família dos Devotos é cuidar da Casa da Mãe. Recebemos de Deus essa missão. Somos agradecidos a vocês que nos ajudam a construir e a edificar este grande Santuário. Agradeço, de coração, o especial carinho que a Família dos Devotos manifesta pelo Santuário Nacional.

A vocação do Santuário de Aparecida é construir vidas, promover esperança e fazer deste mundo um lugar melhor e mais feliz para todos, especialmente para os mais pobres. Por meio do amor a Nossa Senhora, tomamos consciência da nossa própria vocação, do chamado que Deus dirige a cada um de nós. Ele nos convida a fazer parte da Igreja de Cristo e da Família dos Devotos.

Pe. Eduardo Catalfo, C.Ss.R.
Reitor do Santuário Nacional

Bênção do Santíssimo

(Cântico para a bênção)

1. Tão sublime Sacramento, adoremos neste altar, pois o Antigo Testamento deu ao novo seu lugar. Venha a fé por suplemento os sentidos completar!

2. Ao eterno Pai cantemos e a Jesus, o Salvador! Ao Espírito exaltemos, na Trindade eterno amor! Ao Deus uno e trino demos a alegria do louvor! Amém.

— Do céu lhes destes o Pão,
— **que contém todo o sabor.**
— **Oremos:** Senhor Jesus Cristo, neste admirável Sacramento nos deixastes o memorial de vossa paixão. Dai-nos venerar com tão grande amor o mistério de vosso Corpo e de vosso Sangue, que possamos colher continuamente os frutos da Redenção. Vós que sois Deus com o Pai, na unidade do Espírito Santo.
— **Amém.**

(O celebrante mostra à Comunidade o Santíssimo Sacramento:)

(Todos juntos:) — **Deus nos abençoe e nos guarde! Que Ele nos ilumine com a luz de sua face e nos seja favorável! Que Ele nos mostre seu rosto e nos traga a paz! Que Ele nos dê a saúde do corpo e da alma!**

(O animador reza:) Nosso Senhor Jesus Cristo esteja perto de vós para vos defender; esteja em vosso coração para vos conservar; que Ele seja vosso guia para vos conduzir; que vos acompanhe para vos guardar; olhe por vós e sobre vós derrame sua bênção! Ele, que vive com o Pai, na unidade do Espírito Santo.
— **Amém.**
(Segue-se a bênção com o Santíssimo)

Louvores a Deus

Bendito seja Deus!
Bendito seja seu santo nome!
Bendito seja Jesus Cristo, verdadeiro Deus e verdadeiro Homem!
Bendito seja o nome de Jesus!
Bendito seja seu sacratíssimo Coração!
Bendito seja seu preciosíssimo Sangue!
Bendito seja Jesus no Santíssimo Sacramento do altar!
Bendito seja o Espírito Santo Paráclito!
Bendita seja a grande Mãe de Deus, Maria Santíssima!
Bendita seja sua santa e imaculada Conceição!
Bendita seja sua gloriosa Assunção!
Bendito seja o nome de Maria, Virgem e Mãe!
Bendito seja São José, seu castíssimo esposo!
Bendito seja Deus em seus anjos e em seus santos!

Oração pela Igreja e pela pátria

— **Deus e Senhor nosso,**
— protegei vossa Igreja,/ dai-lhe santos pastores e dignos ministros./ Derramai vossas bênçãos/ sobre nosso santo Padre, o Papa,/ sobre nosso Arce(bispo),/ sobre nosso Pároco e sobre todo o clero;/ sobre o Chefe da Nação e do Estado/ e sobre todas as pessoas/ constituídas em dignidade,/ para que governem com justiça./ Dai ao povo brasileiro/ paz constante/ e prosperidade completa./ Favorecei,/ com os efeitos contínuos de vossa bondade,/ o Brasil,/ este Arcebispado,/ a Paróquia em que habitamos/ e a cada um de nós em particular,/ e a todas as pessoas/ por quem somos obrigados a orar/ ou que se recomendaram/ às nossas orações./ Tende misericórdia/ das almas dos fiéis/ que padecem no purgatório;/ dai-lhes, Senhor,/ o descanso e a luz eterna.

(Pai-nosso, Ave-Maria, Glória)
— Graças e louvores se deem a cada momento,
— **ao santíssimo e diviníssimo Sacramento!**

Consagração a Nossa Senhora da Conceição Aparecida

Ó Maria Santíssima, pelos méritos de nosso Senhor Jesus Cristo, em vossa querida imagem de Aparecida, espalhais inúmeros benefícios sobre todo o Brasil.

Eu, embora indigno de pertencer ao número de vossos filhos e filhas, mas cheio do desejo de participar dos benefícios de vossa misericórdia, prostrado a vossos pés, consagro-vos o meu entendimento, para que sempre pense no amor que mereceis; consagro-vos a minha língua, para que sempre vos louve e propague a vossa devoção; consagro-vos o meu coração, para que, depois de Deus, vos ame sobre todas as coisas.

Recebei-me, ó Rainha incomparável, vós que o Cristo crucificado deu-nos por Mãe, no ditoso número de vossos filhos e filhas; acolhei-me debaixo de vossa proteção; socorrei-me em todas as minhas necessidades, espirituais e temporais, sobretudo na hora de minha morte.

Abençoai-me, ó celestial cooperadora, e, com vossa poderosa intercessão, fortalecei-me em minha fraqueza, a fim de que, servindo-vos fielmente nesta vida, possa louvar-vos, amar-vos e dar-vos graças no céu, por toda eternidade. Assim seja!

Oração do 3º Ano Vocacional no Brasil

Senhor Jesus, enviado do Pai e Ungido do Espírito Santo, que fazeis os corações arderem e os pés se colocarem a caminho, ajudai-nos a discernir a graça do vosso chamado e a urgência da missão. Continuai a encantar famílias, crianças, adolescentes, jovens e adultos, para que sejam capazes de sonhar e se entregar, com generosidade e vigor, a serviço do Reino, em vossa Igreja e no mundo. Despertai as novas gerações para a vocação aos Ministérios Leigos, ao Matrimônio, à Vida Consagrada e aos Ministérios Ordenados. Maria, Mãe, Mestra e Discípula Missionária, ensinai-nos a ouvir o Evangelho da Vocação e a lhe responder com alegria. Amém.

1º Dia

Maria, ensinai-nos que toda vocação é missão dada por Deus!

1. Unidos na fé e na missão

P.: Em nome do Pai † e do Filho e do Espírito Santo.
— **Amém.**
P.: O Espírito do Senhor, que nos chama para estar com Ele, mergulhados em seu amor, conduza-nos nestes dias de louvor e de gratidão, para, com Maria, ouvirmos o Redentor, que nos chama para a missão.
— **Com os "corações ardentes" e os "pés a caminho", caminhamos em Cristo e com Maria.**
P.: Maria, que alegria "quando ouvi que me disseram: Vamos à Casa do Senhor", unidos como irmãos, de mãos dadas a caminho, bendizer o Cristo, nosso Senhor.
— **Sejam bem-aventurados os que ouvem o chamado para serem construtores da paz, tornando o mundo mais irmão. Amém.**

2. Acolhendo Maria, a Senhora Aparecida

(Entronização da Imagem da Senhora Aparecida — Incensação — Silêncio orante — Na sequência, reza-se e canta-se:)

P.: Senhora Aparecida, Senhora humilde de Nazaré e de nossa pátria, que vos deixastes entrelaçar pelas redes do Reino e a nosso povo manifestastes vosso amor sem igual;
— **vós, que fostes a humilde servidora do Reino, ajudai-nos a viver nossa vocação de cristãos. Amém.**

— Ó Mãe e Senhora Aparecida,
Maria, clamamos a vós!
— sois modelo de vida e de missão,
— guardai-nos no caminho da redenção!
Lá no céu, rogai a Deus por nós!

— Ó Mãe e Senhora de nossa pátria,
Maria, clamamos a vós!
— dissipai as trevas da opressão
— e fazei-nos um povo mais irmão!
Lá no céu, rogai a Deus por nós!

— Ó Mãe e Senhora dos humildes,
Maria, clamamos a vós!
— fazei-nos viver nosso Batismo,
— cumprindo a missão de cristãos.
Lá no céu, rogai a Deus por nós!

P.: Maria, Virgem Santa de Belém, de Nazaré, de Guadalupe e Aparecida, sede nossa força e nosso encanto, para respondermos à missão que vosso Filho nos confiou.

— **Com o coração agradecido, caminhamos na missão de viver nosso Batismo, como deseja o Senhor. Amém.**

3. A Palavra de Deus nos chama

L.: Com o coração ardente, andemos confiantes e cheios de esperança e digamos ao Senhor: "Enviai-me!" Maria, vós cumpristes em vossa vida a Palavra do Senhor, por isso dissestes: "Eis-me aqui, para cumprir vossa vontade".

— **Quando a Palavra faz morada em nosso coração, nós nos dispomos a cumprir nossa missão. Amém.**

(Entrada da Palavra)

— **Cântico à Palavra de Deus**
— **Anúncio** — **Discípulos de Emaús** — **Lc 24,13-21.25-33**

Nosso coração ardia quando Jesus nos falava pelo caminho e nos explicava as Escrituras.

Proclamação do Evangelho de Jesus Cristo † segundo Lucas:

[13] Naquele mesmo dia, dois discípulos caminhavam para uma aldeia chamada Emaús, distante de Jerusalém sessenta estádios. [14] Iam conversando entre si a respeito de tudo o que havia acontecido. [15] Enquanto conversavam e discutiam juntos, Jesus em pessoa aproximou-se e foi caminhando com eles. [16] Mas seus olhos estavam impedidos de reconhecê-lo. [17] Ele perguntou-lhes então: "De que assunto falais pelo caminho?" Eles pararam, com tristeza no rosto. [18] Um deles, chamado Cléofas, respondeu-lhe: "És o único peregrino em Jerusalém que ignora o que ali se passou nestes dias!" [19] "Que foi?", perguntou ele. Disseram-lhe: "O que aconteceu a Jesus, o Nazareno, que era um profeta poderoso em obras e em palavras diante de Deus e de todo o povo. [20] Nossos sumos sacerdotes e nossos chefes o entregaram para ser condenado à morte e o crucificaram. [21] Nós esperávamos que fosse ele o que haveria de libertar Israel; mas, além de tudo isso, já faz três dias que estas coisas aconteceram... [25] Então ele lhes disse: "Homens sem inteligência, como vosso coração é lento para crer tudo o que os profetas anunciaram! [26] Não era necessário que o Cristo sofresse estas coisas para entrar em sua glória?" [27] E, começando por Moisés e percorrendo todos os profetas, explicou-lhes em todas as Escrituras o que lhe dizia respeito.

[28] Ao chegarem perto da aldeia para onde iam, ele deu a entender que ia para mais longe. [29] Mas insistiram com ele, dizendo: "Fica conosco, porque já é tarde e o dia já se acaba". Ele entrou para ficar com eles. [30] Estando à mesa com eles, tomou o pão, pronunciou a bênção e, depois de o partir, deu-o a eles. [31] Neste momento, os olhos deles se abriram e o reconheceram; mas ele desapareceu de sua vista. [32] Disseram então um ao

outro: "Não é verdade que nosso coração ardia em nós quando ele nos falava pelo caminho e nos explicava as Escrituras?" ³³Partiram imediatamente de volta a Jerusalém, onde encontraram reunidos os Onze e seus companheiros.
— Palavra da Salvação!
— **Glória a vós, Senhor!**

(Pregação, Mensagem. Ao fim, canta-se: "Ave-Maria" — Pe. Pelágio, C.Ss.R.)
— **Ave, Maria, cheia de graça,** o Senhor é convosco. Bendita sois vós entre as mulheres, bendito é o fruto do vosso ventre, Jesus; do vosso ventre, Jesus! Santa Maria Mãe de Deus, rogai por nós, pecadores, agora e na hora de nossa morte. Amém.

4. Testemunho de vida e vocação

Antonio e Maria José

Esse casal se uniu com amor, mas também com um projeto de vida, pensado em comunhão entre os dois e os filhos futuros. Seu Antonio foi a coluna da família sempre, pois abraçou o ideal de fazer uma família harmoniosa e cristã, e disso não abriu mão. Passaram-se os anos, mas não seu ideal. Em uma palavra, ele se propôs, desde o início, viver a Vocação da Família, como um presente de Deus. E isso conseguiu, com esforço e dedicação, mesmo passando por aqueles momentos difíceis, de até não saber para que lado caminhar. Mas, na paciência, na oração, na busca da luz divina, acertava de novo o caminho desejado desde sempre.

Uma coisa era exata no coração de seu Antonio: "Deus terá sempre o primeiro lugar em minha vida e em minha família". Em uma conversa espontânea, disse: "Posso até nem ter o que comer ou onde morar, mas Deus terá seu lugar em meu coração".

Jamais permitiu, entre seus filhos, que algum fosse dormir sem pedir perdão para o outro, se preciso fosse. Um coração adormecido no perdão descansa de verdade. Assim os filhos, mesmo com suas diferenças, aprendiam o quanto era necessária a união entre eles.

Em uma outra ocasião, foi-lhe perguntado sobre a vida matrimonial, pois aquela família chamava a atenção na Comunidade, pelo comportamento dos dois e dos filhos. Foi aí que o senhor Antonio deu uma resposta curta: "Que cada um descubra a dignidade e o valor da vida matrimonial e de família!" A frase dita por ele escondia o sabor de uma vida vivida com vigor do amor a Deus e respeito a seus dons, que nos foram por Ele concedidos.

Ainda é possível ter um lar cristão e pessoas felizes, mesmo na labuta e nas exigências desta vida!

5. Compromisso solidário e fraterno

L.: Maria, vós dissestes: "Eis aqui a serva, a servidora do Senhor". Nada mais vos interessava senão o cumprimento da vontade divina.
— **Vosso povo, ó Maria, também diz como Isaías: "Eis-nos aqui, enviai-nos!"**
L.: Como podemos viver nossa vocação senão pela prática da ca-

ridade? Essa é a marca que não pode faltar em nenhuma autoridade da Igreja e em cada cristão.

— **O sonho de Deus é seu amor eterno para toda a humanidade, e deve ser o nosso também. Amém.**

(Procissão da Caridade. Terminada a Procissão, o Presidente reza:)

P: Oremos: Ó Maria, vós que vivestes a nobre missão de ser Mãe de Cristo, tocai em nosso coração tão frágil e egoísta, e assim descubramos que toda vocação é dada por Deus e vivamos com alegria nossa missão de cristãos, unidos em Cristo Jesus.

— **Senhor, fonte de eterno amor, fazei-nos viver com alegria nossa vocação e missão de cristãos. Amém.**

6. Unidos em Cristo, adoremos!

L.: Ó Emanuel, Deus Conosco, fonte perene de paz, de eternidade, de salvação, vós, que chamastes os discípulos para o compromisso com vosso Reino, despertai em nós esse mesmo desejo e seguimento sincero de vosso Evangelho, que nos chama para servir com fidelidade e generosidade.

— **Senhor, vinde e despertai-nos para uma fé comprometida com a verdade de vosso Reino. Amém.**

(Entronização, Exposição e Adoração do Santíssimo — Diante do Santíssimo Sacramento, reza-se:)

L.: Senhor, nosso Deus, vós sois grande em toda a terra. Sois a beleza da gota d'água, a brisa leve da manhã sem ocaso, a chuva, que rega os campos e florestas, vales e campinas e mata nossa sede de vida.

— **Vós sois o Deus amor, que nos chama para a missão!**

L.: Ao contemplar as estrelas do céu e os astros e planetas do firmamento, sabemos que conheceis cada estrela e brincais com ela como se fosse uma bola de cristal. Bem conheceis também o que está em nosso coração.

— **Vós sois o Deus amor, que nos chama para a missão!**

L.: Senhor Jesus, amor eterno presente na Eucaristia, vós afagais os trigais que irão produzir o pão para as mesas dos irmãos e também o Pão do altar, que sois vós mesmo, Pão eterno de salvação.

— **Vós sois o Deus amor, que nos chama para a missão!**

L.: Senhor, sois nossa vida, nosso encanto e nossa redenção. Vós, que nos ensinastes a semear o trigo bom, não nos deixeis fazer o jogo das armas, que fere e mata os irmãos.

— **Vinde morar em nós e tornai-nos sacrários vivos de vosso amor! Amém.**

Bênção do Santíssimo
(Cântico "Tão Sublime" — p. 2)

7. Em Cristo, com Maria
(Consagração)

P.: Maria, sois a força incomparável do amor que nos santifica. Despertai-nos para o cumprimento de nossa missão e fazei arder nosso coração de amor a vós e aos irmãos.

— **Bendita sejais ó Maria, Mãe de Cristo Redentor, Mariama de todas as raças e línguas. Nós vos consagramos nossa vida. Amém.**

(Consagração a Nossa Senhora, à p. 4)

8. Agradecimentos

9. Oferta das Flores
P.: Maria, vosso povo manifesta amor e gratidão, trazendo em suas mãos as flores colhidas nos jardins, que exalam o perfume do coração, que deseja amar e servir na missão, no meio do mundo e entre os povos e as nações.

— **Flores, rosas e jasmins, oferecidos a Maria, são profecia de quem não deseja nem aprova quem tem armas nas mãos. Amém.**

10. Chamados à Missão
P.: Senhora Aparecida, nós nos reunimos hoje para vos bendizer por vosso Filho Jesus Cristo. Enviai-nos como missionários destemidos do Evangelho!

— **Todos os dias vamos anunciar, com amor e testemunho, o Evangelho de Jesus.**

P.: Sejamos todos sinais de esperança, abrindo os horizontes aos desamparados e desanimados, e a todos estendamos nossa mão para ajudar, reerguer e fazer viver, como fez o Bom Samaritano.

— **Ó Mãe, ajudai-nos a ter as mesmas atitudes dos profetas e o jeito bom do Bom Samaritano. Amém.**

(Homenagem do povo — Entrega das Flores)

2º Dia

Maria, ensinai-nos a escutar o chamado de Deus!

1. Unidos na fé e na missão
P.: Em nome do Pai † e do Filho e do Espírito Santo.
— **Amém.**
P.: Senhora Aparecida, dai-nos a graça de entendermos o chamado do Pai, como vós o entendestes aquele dia em Nazaré. Ajudai-nos a acolher em nossa vida a vontade divina!
— **Como discípulos, no tempo de agora, vamos anunciar com vigor a mensagem que liberta e salva.**
P.: Maria, dai-nos um coração de discípulos, para que tenhamos os mesmos sentimentos de Cristo e ouvidos atentos, para ouvir sua voz e a dos irmãos necessitados de paz e de esperança.
— **Ensinai-nos, ó Maria, a escutar a voz de Cristo e segui-lo com fidelidade e ternura. Amém.**

2. Acolhendo Maria, a Senhora Aparecida
(Entronização da Imagem da Senhora Aparecida — Incensação — Silêncio orante — Na sequência, reza-se e canta-se:)

P.: Senhora e Mãe da Igreja, do povo fiel e proclamador das maravilhas do Senhor, bendito seja vosso olhar tão carregado de ternura, pois estais em plena sintonia com o Deus da vida.
— **Guiai nossos passos, no caminho do Reino; ressoe em nosso coração a voz do Cristo, nosso Irmão.**

— Ó Mãe e Senhora Aparecida,
Maria, clamamos a vós!
— sois Mãe do amor verdadeiro,
— que liberta e nos chama à redenção.
Lá no céu, rogai a Deus por nós!

— Ó Mãe e Senhora de nossa pátria,
Maria, clamamos a vós!
— guiai-nos no caminho do Reino,
— e de Deus escutemos o chamado!
Lá no céu, rogai a Deus por nós!

— Ó Mãe e Senhora dos humildes,
Maria, clamamos a vós!
— libertai-nos da mentira e opressão,
— e reine a paz, a concórdia e união.
Lá no céu, rogai a Deus por nós!

P.: Maria, rogai a Deus por nós, pelas crianças e pelos jovens, pela Igreja inteira e por nossas Comunidades, para que saibamos escutar a voz divina, que nos chama para sermos testemunhas da verdade de Cristo.

— **Fazei arder em nosso coração a Palavra de Jesus, que é nossa vida e nossa luz. Amém.**

3. A Palavra de Deus nos chama

L.: Foi o próprio Deus que em Nazaré anunciou a Maria que ela era a escolhida, sua filha preferida, e ela lhe respondeu com generosidade: "Eis-me aqui".

— **A Palavra que vamos escutar nos faça responder com ardor à vontade do Senhor. Amém.**

(Entrada da Palavra)

— **Cântico à Palavra de Deus**
— **Anúncio — Maria responde ao chamado — Lc 1,26-38**

"Eis aqui a serva do Senhor, faça-se em mim segundo tua palavra!"

Proclamação do Evangelho de Jesus Cristo † segundo Lucas:

[26] No sexto mês, o anjo Gabriel foi enviado por Deus a uma cidade da Galileia, chamada Nazaré, [27] a uma virgem, noiva de um homem, de nome José, da casa de Davi; a virgem chamava-se Maria. [28] Entrando onde ela estava, disse-lhe o anjo: "Alegra-te, ó cheia de graça, o Senhor é contigo". [29] Ao ouvir tais palavras, Maria ficou confusa e começou a pensar o que significaria aquela saudação. [30] Disse-lhe o anjo: "Não tenhas medo, Maria, porque Deus se mostra bondoso para contigo. [31] Conceberás em teu seio e darás à luz um filho e lhe porás o nome de Jesus. [32] Ele será grande e será chamado Filho do Altíssimo. O Senhor Deus lhe dará o trono de Davi, seu pai, [33] e ele reinará para sempre na casa de Jacó. E seu reino não terá fim". [34] Maria, porém, perguntou ao anjo: "Como será isto, se eu não vivo com um homem?" [35] Respondeu-lhe o anjo: "O Espírito Santo descerá sobre ti e a força do Altíssimo te cobrirá com sua sombra. Por isso, o Santo que vai nascer será chamado Filho de Deus. [36] Isabel, tua parenta, também ela concebeu um filho em sua velhice e está no sexto mês aquela que era chamada estéril, [37] porque nada é impossível para Deus". [38] Disse então Maria: "Eis aqui a serva do Senhor, faça-se em mim segundo tua palavra". E o anjo retirou-se de sua presença.

— Palavra da Salvação!
— **Glória a vós, Senhor!**

(Pregação, Mensagem. Ao fim, canta-se: "Ave-Maria" — Pe. Pelágio, C.Ss.R.)

— **Ave, Maria, cheia de graça,** o Senhor é convosco. Bendita sois vós entre as mulheres, bendito é o fruto do vosso ventre, Jesus; do vosso ventre, Jesus! Santa Maria Mãe de Deus, rogai por nós, pecadores, agora e na hora de nossa morte. Amém.

4. Testemunho de vida e vocação

Helena e Gilles

Helena e Gilles tiveram uma filha, Jeane, que nasceu com a síndrome de imunodeficiência grave. Luta grande para eles: quimioterapia, transplantes, quartos esterilizados e tudo o mais que exigia cuidados com a filha.

Rezavam, mas parecia que as orações já não eram mais eficazes. Helena era católica praticante e pedia para o Senhor salvar sua filha. Implorava misericórdia, e muitas pessoas faziam o mesmo por Jeane. Helena mesma disse que "com a ajuda de rosários, ladainhas de santos e adoração ardente, nós nos sentimos os mais merecedores possível da cura". O milagre não veio: "Perdi Jeane e minha fé no mesmo dia".

Seu coração materno ficou sobrecarregado de sentimentos. Durante um longo período de luto, rejeitou sua fé, mas na verdade não conseguiu perdê-la.

Um dia, acordou com vontade de sorrir e abraçar a liberdade novamente. Um processo de adoção trouxe boa-nova para essa mãe. Ela voltou a sorrir porque viu de perto que essa era a hora de Deus, em sua vida, e que as orações não tinham sido esquecidas por Ele.

O processo de adoção e a chegada de seus filhos facilitaram sua reconciliação com Deus: Paulo, Capucine e Olívia. "Tivemos a chance de adotar três filhos. O milagre estava lá! Graças a essa nova fecundidade, encontramos nosso lugar, nossa missão."

Trazer entes queridos para nossa casa é um pouco como ter o céu em nossa sala de estar! Por fim, ela imagina sua filha Jeane lhe dizendo: "Você me deu colo. Você se importava comigo. Você tornou minha vida linda. Você é fiel a mim. Você me ama com amor incondicional e eterno. Não duvide, estou em todos os seus passos".

5. Compromisso solidário e fraterno

L.: Maria, a voz de vosso Filho ressoou entre nós, pedindo-nos que vivamos no amor gratuidade, no amor fraterno e transformador.

— **Escutando vosso Filho, caminhamos em direção aos irmãos, estendendo as mãos e o coração.**

L.: Aprendemos, ó Maria, de vosso amor maternal e de Jesus, a compreender as vozes que clamam por um pouco de paz e de pão.

— **Fazei-nos, Senhora, ter sempre um pouco mais de amor e de esperança, para ofertar aos irmãos. Amém.**

(Procissão da Caridade. Terminada a Procissão, o Presidente reza:)

P: Oremos: Ó Maria, vós, que escutastes o que vos disse o Anjo Gabriel e cumpristes com fidelidade e alegria a missão que o Pai vos confiou, fazei-nos escutar, sem reserva alguma, o que nos pede o Senhor, nos tempos de agora.

— **Senhora, ajudai-nos a ler os sinais dos tempos e a testemunhar o Evangelho nos tempos de agora. Amém.**

6. Unidos em Cristo, adoremos!

L.: Ó Cristo, vós, que passastes entre nós fazendo o bem e nos chamais para o serviço fiel em vosso Reino, fazei-nos vossos servidores e abrasai nosso coração com vosso amor!

— **Senhor, vossa voz divina nos chama e nos envia em missão, fazendo de nossa vida uma doação. Amém.**

(Entronização, Exposição e Adoração do Santíssimo — Diante do Santíssimo Sacramento, reza-se:)

L.: Senhor, nós vos adoramos, mas também arde nosso coração, ao ver a humanidade necessitada de paz, de pão e de esperança.

— **Sois o Deus de misericórdia, que nos chama para a vida.**

L.: Um dia, esperamos, abriremos mais as portas do coração e as de nossa casa para acolher, no amor mútuo, quem encontrarmos. Só assim romperemos os laços da antipatia e solidão.

— **Sois o Deus de misericórdia, que nos chama para a vida.**

L.: Senhor, bem lembrou o profeta Isaías, vosso amor nos ensina a transformar as espadas em arados. Assim as lanças que ferem e matam serão apenas uma lembrança do passado.

— **Sois o Deus de misericórdia, que nos chama para a vida.**

L.: Senhor, com Maria, vossa Mãe, iremos crer mais em vosso amor libertador, presente em uma Igreja comprometida com a causa da vida e da dignidade dos irmãos.

— **Sois o Deus de misericórdia, que nos chama para a vida. Amém.**

Bênção do Santíssimo
(Cântico "Tão Sublime" — p. 2)

7. Em Cristo, com Maria
(Consagração)

P.: Como uma criança recém-nascida, ó Mãe, é o amor em nosso coração. Um amor que sempre precisa de cuidados para crescer e transformar-se, como uma semente lançada na terra.

— **Maria, nós nos consagramos a vós, para escutar e compreender o chamado que vosso Filho nos faz. Amém.**

(Consagração a Nossa Senhora, à p. 4)

8. Agradecimentos

9. Oferta das Flores

P.: A flor, com seu perfume, atrai a abelha, que a fecunda e produz o mel. Quem escolhe o caminho do mal torna-se amargo como o fel. Quem vos oferece flores, ó Maria, são bem-aventurados e estão no caminho do céu.

— **Acolhei, ó Maria, quem escuta o chamado divino, assim como vós o escutastes e o cumpristes. Amém.**

10. Chamados à Missão

P.: Senhora Aparecida, escolhemos estar aqui para ouvir e compreender o chamado divino, saindo com o coração decidido a seguir Jesus, com mais empenho e com mais dedicação.

— **Fazei-nos, Senhora, instrumentos do Reino de vosso Filho e anunciadores de vossa paz.**

P.: Permaneça conosco vossa bênção, Senhora, para que caminhemos todos, jovens, crianças e famílias, nas sendas do Reino de vosso Filho e de sua misericórdia. Vamos, e o Senhor, nosso Deus, guarde-nos e nos guie nos caminhos da paz!

— **Ó Mãe, caminhai conosco e fazei-nos anunciadores da paz, como fez Jesus. Amém.**

(Homenagem do povo — Entrega das Flores)

3º Dia

Maria, ensinai-nos que a família é vocação de Deus!

1. Unidos na fé e na missão
P.: Em nome do Pai † e do Filho e do Espírito Santo.
— **Amém.**
P.: Bendito seja nosso encontro como Família, lugar de vida e de partilha, de comunhão e fraternidade, pois é assim que o Senhor deseja e espera que sejamos.
— **Feliz quem aprendeu a contemplar a família como o primeiro lugar onde aprendemos a amar.**
P.: Maria, vós, que sois da Família de Nazaré e destes ao amor-comunhão o primeiro lugar, ajudai-nos a celebrar a vida em nosso lar e ensinai-nos a redescobrir que família é vocação divina.
— **Feliz quem sabe amar tão nobre dom, a família, como vocação divina. Amém.**

2. Acolhendo Maria, a Senhora Aparecida
(Entronização da Imagem da Senhora Aparecida — Incensação — Silêncio orante — Na sequência, reza-se e canta-se:)

P.: Senhora Aparecida, defensora da vida, Santuário de amor e morada divina, acolhei nossa súplica de peregrinos a caminho da Terra Prometida, da terra sem males, que tanto esperamos e desejamos.
— **Vós, que fostes de Deus a escolhida e sois nossa Mãe, fazei-nos ser uma família do jeito que Deus quer. Amém.**

— Ó Mãe e Senhora Aparecida,
Maria, clamamos a vós!
— da Família sois Mãe e protetora,
— guardai-nos no amor de Jesus!
Lá no céu, rogai a Deus por nós!

— Ó Mãe e Senhora de nossa pátria,
Maria, clamamos a vós!
— dispersai nossas falsas ilusões,
— e sejamos fiéis no amor!
Lá no céu, rogai a Deus por nós!

— Ó Mãe e Senhora dos humildes,
Maria, clamamos a vós!

— santificai nossas famílias,
— firmai-nos no chamado divino!
Lá no céu, rogai a Deus por nós!

P.: Maria, ajudai-nos a vencer as ilusões enganadoras, acolhendo o chamado divino e vivendo com alegria nossa missão em cada dia. Ajudai-nos a olhar adiante, pois o amor divino nos precede no caminho.

— **Quem responde, com autenticidade, ao chamado de Cristo jamais será desiludido. Amém.**

3. A Palavra de Deus nos chama

L.: Acolher com fidelidade o que nos propõe o Senhor é prova de amor e de aceitação da vocação da família, que veio do céu.

— **Vossa Palavra, Senhor, guie nossos passos, e nossa casa seja vossa casa. Amém.**

(Entrada da Palavra)

— **Cântico à Palavra de Deus**
— **Anúncio** — **Rute é fiel** — **Rt 1,15-18**

Noemi é israelita, viúva, pobre. Rute é estrangeira, nora de Noemi, que também fica viúva. Noemi, sem outro filho para dar a Rute como novo marido, conforme mandava a Lei, aconselha a nora a voltar a seu país, a seus familiares. Rute não aceita o conselho.

Leitura do Livro de Rute:

[15] Disse-lhe então Noemi: "Olha, tua cunhada voltou para seu povo e para seus deuses; volta também com ela". [16] Respondeu-lhe Rute: "Não insistas comigo para que te deixe e me afaste de ti, pois, para onde fores, irei também, onde for tua morada, será também a minha; teu povo será meu povo e teu Deus será o meu Deus.

[17] Onde morreres, ali morrerei e serei sepultada. Que Javé me mande um castigo em cima do outro se outra coisa, que não seja a morte, separar-me de ti!"

[18] Quando Noemi viu que Rute estava firmemente decidida a acompanhá-la, não insistiu mais com ela.
— Palavra do Senhor!
— **Graças a Deus!**

(Pregação, Mensagem. Ao fim, canta-se: "Ave-Maria" — Pe. Pelágio, C.Ss.R.)

— **Ave, Maria, cheia de graça,** o Senhor é convosco. Bendita sois vós entre as mulheres, bendito é o fruto do vosso ventre, Jesus; do vosso ventre, Jesus! Santa Maria Mãe de Deus, rogai por nós, pecadores, agora e na hora de nossa morte. Amém.

4. Testemunho de vida e vocação

Vinícius e Fabiana

Vinícius da Silva Paiva, leigo católico de 46 anos, nascido no Rio de Janeiro, é casado com Fabiana e pai de Maria Júlia (18 anos), Maria Isabel (16 anos), João Batista (8 anos) e Pedro Hector (6 anos). Desde a adolescência, participou ativamente de atividades pastorais, como grupo de jovem, grupo de oração e equipe de Crisma. Conheceu sua esposa na igreja e, em 2001, casou-se com o sonho de formar uma igreja doméstica.

Por ambos terem um carinho especial pelo Evangelho de Caná, inspirados pelo Documento de Aparecida, fundaram em 2009 a Associação Missionária Servos de Maria de Caná, com o propósito missionário de visitar as famílias, para partilhar a espiritualidade de Caná. Desde então empreenderam diversas missões em periferias rurais e urbanas do Rio de Janeiro, tendo inclusive residido com sua família em Comunidades dominadas pelo tráfico de drogas, onde se fazia necessária a presença missionária da Igreja Católica.

Vinícius, apesar de ser gestor e economiário, queria ser teólogo e professor. Como leigo trabalhador, sonhou e conseguiu concluir sua graduação em Teologia.

Atualmente, é mestre e doutorando em teologia sistemática, pela PUC-RS, e assessor teológico da Academia Marial. Enxerga nesse serviço uma verdadeira vocação da parte de Deus, pois costuma afirmar que a Casa da Mãe Aparecida é sua casa e que sempre devemos nos lembrar de que "o Deus, que nos inspira sonhar, é o Deus que nos ajuda a realizar".

5. Compromisso solidário e fraterno

L.: Maria, há famílias felizes e outras que ainda precisam de muito amor. Tocai nosso coração, para que ele seja aberto e acolhedor às famílias que precisam de pão, de paz e compreensão.

— **Como o coração de Rute, fiel e acolhedor, seremos solidários e fraternos e sempre dados ao amor.**

L.: Maria, despertai nossa consciência para amparar, socorrer e amar os mais feridos, que encontramos pelo caminho. Só quando há o amor, ó Mãe, vós bem sabeis, é que somos fortalecidos.

— **Se somos solidários, aqui e agora, é porque, outrora, em nossa casa, aprendemos a ser mais irmãos. Amém.**

(Procissão da Caridade. Terminada a Procissão, o Presidente reza:)

P: Oremos: Ó Maria, dai aos casais a força da união, para que eles saibam partilhar a vida e os dons, dentro de seu lar e nas Comunidades. Vossas mãos santas e benditas, ó Maria, amparem os casais em sua vocação de ser família do jeito que Deus quer.

— **Fortalecei-nos, ó Mãe, na força da união e na vivência da vocação, à qual o Pai nos chamou. Amém.**

6. Unidos em Cristo, adoremos!

L.: Trazemos, Senhor, diante de vós, como em um grande ofertório, tudo o que vós mesmo semeastes em nossa família. Esperamos corresponder, cada dia, ao chamado de vosso amor. Fazei-nos vossos servidores fiéis, em nossa missão de cristãos.

— **Vinde, ó Jesus, presente no mistério da Eucaristia! Tocai em nosso coração, para ouvir vosso chamado e vos servir com amor. Amém.**

(Entronização, Exposição e Adoração do Santíssimo – Diante do Santíssimo Sacramento, reza-se:)

L.: Senhor Jesus, sois amor, que gera a vida e alegria sem-fim. Sois Família divina, Comunidade de amor e vida, que não termina. Firmai nossos passos e tornai-nos fiéis na verdade do Evangelho.
— **Jesus Eucaristia, sede a redenção de nossa família!**
L.: Livrai-nos, Senhor, de querermos oprimir ou desprezar o irmão, ou ainda de fazer do outro nosso objeto de interesse. Quanta ingratidão, pois ainda não aprendemos de vós a gratuidade do amor, que traz a vida e libertação.
— **Jesus Eucaristia, sede a redenção de nossa família!**
L.: Livrai-nos, ainda, Senhor, da autossuficiência e da arrogância, que geram sofredores e necessitados, entre nós. Tornai-nos capazes de viver no amor libertador e na causa de nossa vocação de sermos Família e mais irmãos.
— **Jesus Eucaristia, sede a redenção de nossa família!**
L.: Senhor, que sois liberdade infinita, tornai-nos grãos dourados de trigo e de pão, que saciam a vida, pois sois o Pão, que nos torna livres e nos faz viver no amor sem condições. Amém.
— **Jesus Eucaristia, sede a redenção de nossa família! Amém.**

Bênção do Santíssimo
(Cântico "Tão Sublime" – p. 2)

7. Em Cristo, com Maria
(Consagração)
P.: Maria, vós, que sois nossa Mãe, ajudai-nos a descobrir nossa vocação de ser Família do jeito divino, pois vós assim vivestes, por isso sois a força do amor transformador e a nobreza que buscamos.
— **Senhora Aparecida, nós nos consagramos a vós, pois sois o modelo e o exemplo de que precisamos. Amém.**

(Consagração a Nossa Senhora, à p. 4)

8. Agradecimentos

9. Oferta das Flores
P.: Senhora Aparecida, as rosas, colhidas nos campos e nos jardins da vida, são oferecidas com amor, pois foi o próprio Senhor quem as criou para tornar belo o mundo e enfeitar nosso lar, trazendo alegria ao nosso coração. Benditos sejam os que cultivam flores e não são senhores de armas na mão, nem promotores de tanta corrupção.
— **Flores, benditas flores, somente exalam o perfume do amor, que abranda o coração. Amém.**

10. Chamados à Missão
P.: Senhor, Deus da vida, confiamos em vossa misericórdia e nos comprometemos com a defesa da vida e do respeito ao ser humano. Guardai nossa Família e dai-nos a graça de redescobrirmos a grandeza e a beleza de nossa vocação de viver na união, na concórdia e na paz.
— **Derramai sobre nós, Senhor, vossa bênção e vossa paz; protegei-nos como vossos filhos!**
P.: Sejam nossos passos sinais de quem segue o Senhor; banhados

em seu amor, testemunhemos a verdade de seu Reino. Vamos pela vida afora e para o seio de nossa Família, alegrando-nos com o dom divino, que nos chamou em seu amor.

— Ó Mãe, convosco caminhamos na força da paz e da esperança em Cristo, vosso Filho. Amém.

(Homenagem do povo — Entrega das Flores)

4º Dia

Maria, ensinai-nos a assumir a missão de Leigos na Igreja e no mundo!

1. Unidos na fé e na missão

P.: Em nome do Pai † e do Filho e do Espírito Santo.
— **Amém.**
P.: Senhor Deus, com Maria, vossa Filha predileta, nós vos bendizemos. Olhai com amor para os cristãos Leigos, no mundo e na Igreja, para que eles, em sua ação batismal, façam aumentar o número dos discípulos-missionários de vosso Filho.
— **Experimentamos, Senhor, cada dia, vossa misericórdia, que nos dá o vigor da eternidade.**
P.: Maria, fazei-nos ser tomados da inseparável alegria de termos um Deus por nós, que é Jesus, e que nos chama para a missão de anunciar a redenção.
— **Sejam benditos os cristãos, que são comprometidos com a causa do Reino! Amém.**

2. Acolhendo Maria, a Senhora Aparecida
(Entronização da Imagem da Senhora Aparecida — Incensação — Silêncio orante — Na sequência, reza-se e canta-se:)

P.: Senhora Aparecida, sois a mais bela criatura, a Leiga fiel, que assumiu com ardor o desígnio divino. Incorporados à mesma missão de Cristo, pelo Batismo, aumentai em nós o ardor missionário!
— **Dai-nos vosso auxílio, ó Mãe querida, para assumirmos com vigor e amor a missão de cristãos. Amém.**

— Ó Mãe e Senhora Aparecida,
Maria, clamamos a vós!
— inspirai os Leigos na missão,
— que anunciem com fervor a redenção.
Lá no céu, rogai a Deus por nós!

— Ó Mãe e Senhora de nossa pátria,
Maria, clamamos a vós!
— que ela seja tão plena de justiça,
— e os pobres tenham pão em sua mesa.
Lá no céu, rogai a Deus por nós!

— Ó Mãe e Senhora dos humildes,
Maria, clamamos a vós!

— inspirai-nos na missão de batizados,
— e vivamos no ardor missionário.
Lá no céu, rogai a Deus por nós!

P.: Maria, guardai os cristãos Leigos em vosso coração materno. Eles, participando do sacerdócio profético e real de Cristo pelo Batismo, vivam com alegria sua missão no meio do mundo.
— **Senhora Aparecida, fazei-nos ser humildes e assumir com alegria nossa missão no mundo. Amém.**

3. A Palavra de Deus nos chama

L.: Façamos hoje o que nos pede o Senhor, sendo luz e fermento no meio da sociedade em transformação.
— **Vossa Palavra, Senhor, desperta-nos para a vida e é luz em nossa missão no mundo. Amém.**

(Entrada da Palavra)

— **Cântico à Palavra de Deus**
— **Anúncio** — **Fermento na massa**
— **Lc 13,20-21**

"Não sabeis que um pouco de fermento faz fermentar a massa toda?" (1Cor 5,6b).

Proclamação do Evangelho de Jesus Cristo † segundo Lucas:
[20]Disse Jesus: "Com que hei de comparar o Reino de Deus? [21]É semelhante ao fermento que uma mulher pega e mistura em três medidas de farinha, até que tudo fique fermentado".
— Palavra da Salvação!
— **Glória a vós, Senhor!**

(Pregação, Mensagem. Ao fim, canta-se: "Ave-Maria" — Pe. Pelágio, C.Ss.R.)

— **Ave, Maria, cheia de graça,** o Senhor é convosco. Bendita sois vós entre as mulheres, bendito é o fruto do vosso ventre, Jesus; do vosso ventre, Jesus! Santa Maria Mãe de Deus, rogai por nós pecadores, agora e na hora de nossa morte. Amém.

4. Testemunho de vida e vocação

Santo Dias da Silva

Santo Dias da Silva, cristão católico, nascido em Terra Roxa, SP, primeiro entre os oito filhos de um casal de camponeses, trabalhou como lavrador, boia-fria, diarista. Pelos anos de 1960, foi expulso da fazenda em que trabalhava, por não aceitar a omissão nos direitos trabalhistas. Então, mudou-se para São Paulo e foi trabalhar como operário. Continuou seu espírito de justiça, atuando na defesa dos direitos dos trabalhadores. Sofreu várias consequências por causa disso. Como trabalhador e cristão, integrou diversos grupos: Pastoral Operária da Zona Sul de São Paulo, Comunidades Eclesiais de Base de Vila Remo, representante leigo na CNBB, Membro do Movimento Custo de Vida, e ainda integrava o Comitê Brasileiro pela Anistia (CBA/SP). Casado com Ana Dias, teve dois filhos: Luciana e Santo.

Santo Dias da Silva tinha 37 anos, quando foi assassinado por um policial militar, em 30 de outubro de 1979, no momento em que ocorria uma manifestação dos operários, em frente à fábrica Sylvania, no bairro Santo Amaro, SP. Porém sua memória e sua consciência de cidadania continuam vivas e presentes.

Dom Angélico lembra Santo Dias como representante de um "povo com fome e sede de justiça, privado de uma economia solidária pelo sistema socioeconômico vigente. Povo que apoia reformas, inclusive da Previdência, com a inadiável condição de que seja autêntica reforma social e não apenas econômica, favorecendo ricos, à custa da exploração dos pobres. Reforma trabalhista que não favoreça os patrões, para marginalizar ainda mais os trabalhadores".

Luciana, sua filha, diz: "Santo vive para que as novas gerações, que nunca ouviram falar da luta operária, saibam que os trabalhadores fazem parte da história brasileira. E fazem parte como sujeitos ativos".

Não tenhamos medo de fazer a história a favor da vida, pois ela começou com o próprio Cristo.

5. Compromisso solidário e fraterno

L.: Maria, vós que vos pusestes do lado dos necessitados, como nas Bodas de Caná, plenificai nosso coração de amor-doação, para que sejamos generosos na comunhão com os irmãos.

— **Vossa bondade, ó Mãe, cativa todos, dos pobres aos mais abastados, de todos os povos e de todas as nações.**

L.: Fazei-nos misericordiosos, como vós o fostes, fazendo da dor do outro a nossa dor, da necessidade do irmão a exigência da generosidade. Fazei-nos misericordiosos, solidários e fraternos!

— **Fazei-nos, ó Mãe, abraçar nossa missão de fraternidade e comunhão entre os irmãos. Amém.**

(Procissão da Caridade. Terminada a Procissão, o Presidente reza:)

P: Oremos: Ó Maria, vós que sois exemplo e modelo de Leiga cristã, fazei-nos, por amor maternal, ardorosos na vivência batismal, assumindo nossa missão de cristãos Leigos no mundo, com alegria e teimosia da fé.

— **Senhor, vós nos chamais para sermos vossos discípulos, no agora de nossa história, testemunhando a verdade de vosso Reino. Amém.**

6. Unidos em Cristo, adoremos!

L.: Nós esperamos em vós, Senhor Jesus Cristo. Nós temos sede de vós, como a terra sedenta e sem água. Contamos com vossa presença amorosa para cumprir nossa missão, com o coração ardente de amor a vós e aos irmãos.

— **Vinde, Senhor dos senhores, Sol divino, e iluminai-nos. Aquecei-nos em vosso amor. Amém.**

(Entronização, Exposição e Adoração do Santíssimo — Diante do Santíssimo Sacramento, reza-se):

L.: Senhor, desejamos trabalhar em vossa Vinha. Vossa Igreja abrace sem reserva o anúncio do Evangelho e o testemunhe na alegria, sendo o sal da paz e a luz da vida no mundo.

— **Vinde, Senhor, e enviai-nos para vossa Vinha!**

L.: Ajudai com vossa misericórdia os cristãos Leigos, e eles sejam no meio do mundo o fermento de vossa bondade e misericórdia. Vivendo o Batismo, vençam as contradições sombrias dos tempos de agora.

— **Vinde, Senhor, e enviai-nos para vossa Vinha!**

L.: Senhor, que os Leigos sejam a voz que clama no deserto, como a de João Batista, e sejam portadores autênticos da única salvação, que sois vós mesmo, ó Jesus. Dai-lhes, Senhor, vossa luz!

— **Vinde, Senhor, e enviai-nos para vossa Vinha!**

L.: Senhor, que sejamos seduzidos em cada dia por vossa presença na Eucaristia. Ela é a certeza de que não estamos sozinhos, de que vós estais conosco e nos amparais nas labutas da vida e em nossa missão.

— **Vinde, Senhor, e enviai-nos para vossa Vinha. Amém.**

Bênção do Santíssimo
(Cântico "Tão Sublime" — p. 2)

7. Em Cristo, com Maria
(Consagração)

P.: Senhora Aparecida, ajudai-nos a olhar nosso tempo e nossa história, assumindo neles a História da Salvação. Vós colaborastes com Deus para que se realizasse seu plano de amor. Ajudai-nos também a fazer nossa parte.

— **Sim, ó Mãe querida, queremos assumir nosso batismo e nossa missão de cristãos. Amém.**

(Consagração a Nossa Senhora, à p. 4)

8. Agradecimentos

9. Oferta das Flores

P.: Maria, sois a Flor mais bela, que nos traz inspiração para anunciar o Evangelho em nossa missão. Quem carrega flores diz não às armas, que não perfumam nem defendem a vida, e recusa as mentiras dos que desejam o poder e a dominação.

— **Maria, queremos um mundo do jeito de Deus, pois Ele só deseja nosso bem e nossa salvação. Amém.**

10. Chamados à Missão

P.: Senhora Aparecida, convosco partimos para a missão de ser no mundo sinal da redenção. Iluminai os cristãos para que sejam fermento da paz e do respeito à vida, no meio do mundo e em cada humano coração.

— **Unidos em Cristo, com Maria, caminhemos com disposição, vivendo com alegria nossa missão.**

P.: Voltemos para nossa casa na certeza de que o Senhor vai conosco, pois aqui viemos para bendizer a Ele, que nos ama. Maria é quem vai a nossa frente, apontando a direção, para chegarmos juntos de Jesus, nossa salvação.

— **Ó Mãe, caminhai conosco e não nos deixeis jamais desanimar de anunciar a redenção. Amém.**

(Homenagem do povo — Entrega das Flores)

5º Dia

Maria, ensinai aos jovens que sua vida é missão!

1. Unidos na fé e na missão

P.: Em nome do Pai † e do Filho e do Espírito Santo.
— Amém.
P.: Derramai sobre nós, Senhor, como a chuva benfazeja, vossa bênção. Fazei que a juventude tenha o vigor da vida e de vosso amor, abraçando com alegria os valores do Evangelho!
— Como Samuel, que escutou vosso chamado, ajudai a Juventude a acolher e viver o projeto de Jesus!
P.: Maria, conforme aconteceu com os discípulos de Emaús, fazei arder no coração da Juventude a santificadora Palavra de Deus, a fim de que os jovens contagiem o mundo com a força da vida e da fé em Jesus.
— Fazei da Juventude profetiza da alegria, renovando o coração do mundo envelhecido no desamor! Amém.

2. Acolhendo Maria, a Senhora Aparecida
(Entronização da Imagem da Senhora Aparecida — Incensação — Silêncio orante — Na sequência, reza-se e canta-se:)

P.: Senhora Aparecida, vosso Filho Jesus não admitia que os adultos olhassem com desprezo os mais jovens, por isso nos disse: "O maior entre vós seja o menor". Ajudai-nos a amar a Juventude.
— Em vosso amor de Mãe, escutai nosso clamor, pois precisamos de vosso auxílio e de vossa proteção. Amém.

— Ó Mãe e Senhora Aparecida,
Maria, clamamos a vós!
— conduzi e libertai a juventude,
— e que seja amada e respeitada.
Lá no céu, rogai a Deus por nós!

— Ó Mãe e Senhora de nossa pátria,
Maria, clamamos a vós!
— que os jovens não sejam escravizados
— e se tornem construtores do futuro.
Lá no céu, rogai a Deus por nós!

— Ó Mãe e Senhora dos humildes,
Maria, clamamos a vós!
— dos jovens sois modelo e esperança

— de uma Igreja mais comprometida.
Lá no céu, rogai a Deus por nós!

P.: Maria, ser jovem não é uma etapa passageira da vida. Ser jovem é ser missão, que é uma vocação na Igreja. Ajudai-nos a tratar os jovens como irmãos na evangelização da sociedade. Que sejam muito amados e valorizados, para que jamais caiam no desânimo ou nas armadilhas dos maus.
— **Guardai a juventude para que sonhe coisas grandes e belas, construindo o bem, a vida e a si mesma. Amém.**

3. A Palavra de Deus nos chama

L.: Maria, que a Palavra de Cristo ilumine a Juventude e ela seja semelhante a vós, que sois a Jovem de Nazaré. Pulse forte o coração dos jovens, como pulsou o vosso, naquele dia de vosso chamado.
— **A Palavra do Senhor é a verdade eterna para todos os tempos e para todas as idades. Amém.**

(Entrada da Palavra)

— **Cântico à Palavra de Deus**
— **Anúncio** — **Dons e serviços** — **1Cor 12,1.4-7**
"A cada um é dada a manifestação do Espírito para a utilidade de todos."
Leitura da Primeira Carta de São Paulo aos Coríntios:
^{1}Quanto aos dons espirituais, irmãos, não quero que fiqueis na ignorância.
^{4}Sem dúvida, os dons são diferentes, mas o Espírito é o mesmo. ^{5}Os serviços são diversos, mas o Senhor é o mesmo. ^{6}As atividades são distintas, mas é o mesmo Deus que realiza tudo em todos. ^{7}A cada um é dada a manifestação do Espírito para a utilidade de todos.
— Palavra do Senhor!
— **Graças a Deus!**

(Pregação, Mensagem. Ao fim, canta-se: "Ave-Maria" — Pe. Pelágio, C.Ss.R.)

— **Ave, Maria, cheia de graça,** o Senhor é convosco. Bendita sois vós entre as mulheres, bendito é o fruto do vosso ventre, Jesus; do vosso ventre, Jesus! Santa Maria Mãe de Deus, rogai por nós, pecadores, agora e na hora de nossa morte. Amém.

4. Testemunho de vida e vocação

Carlo Acutis
O jovem Carlo Acutis foi beatificado em 10 de outubro de 2020, em Assis, Itália, na Basílica de São Francisco.

Carlo Acutis morreu de leucemia, aos 15 anos de idade, em Monza, na Itália, no dia 12 de outubro de 2006, dia de Nossa Senhora Aparecida. Seus restos mortais foram transferidos para Assis, Itália, onde fora beatificado.

É conhecido como o "Padroeiro da Internet", pois usava desse meio para evangelizar outros jovens, com muito empenho. Gostava de computadores e tinha alto conhecimento de ciência da computação. Destacou-se entre os jovens e foi verdadeiro apóstolo, por esse meio cibernético.

Nascido em Londres, Inglaterra, foi criado em Milão, Itália, e se tornou católico e devoto de Nossa Senhora. "Desde pequeno, sobretudo depois da primeira comunhão, nunca faltou ao encontro diário com a Santa Missa e o Rosário, seguidos de um momento de adoração eucarística", disse sua mãe.

Sua família tinha bens, mas ele se mantinha comedido e sóbrio em suas coisas.

Antes de morrer, quando perguntaram se não estava triste por morrer jovem, Carlo Acutis respondeu: "Não, porque eu não desperdicei nem um minuto da minha vida fazendo coisas que não agradam a Deus".

Para Carlo Acutis, agradar a Deus é ter uma vida plena. Assim, para ele não agradar a Deus é desperdiçar a vida, afirmou o frade capuchinho Carlos Acácio Ferreira, reitor do santuário do Despojamento em Assis, onde o jovem está sepultado.

O milagre atestado foi no Brasil, em Campo Grande, MS, com uma criança que tinha um diagnóstico bastante exigente: "A criança, eu me lembro bem, estava raquítica e tinha problemas de pâncreas anular. Ela não comia nada, não ingeria nem sólido nem líquido e teve a cura logo depois do pedido de seu avô, desesperado com o caso de seu neto", afirma Pe. Marcelo Tenório, da paróquia São Sebastião, em Campo Grande, MS. O menino curado sempre diz: "Agora eu tenho um amigo no céu". Se estamos abertos para Deus, só podemos alcançar a santidade!

5. Compromisso solidário e fraterno

L.: Maria, foi Jesus que nos ensinou, vós bem sabeis, que é preciso repartir a vida, o pão e os sentimentos bons, pois foi isso que Ele mesmo fez, entregando sua vida inteira por nossa salvação.

— A Juventude também traz nas mãos a vida e o pão, para ofertar aos irmãos.

L.: Jesus, vós que fostes o jovem de Nazaré e vos fizestes presente na vida dos Jovens de vosso tempo, tocai no coração da Juventude de agora, para que seja livre, fiel e realizada, em nossa terra e em nossa pátria.

— Que o desejo da vida e do respeito à criatura humana, dom de Deus, aconteça entre nós! Amém.

(Procissão da Caridade. Terminada a Procissão, o Presidente reza:)

P: Oremos: Ó Maria, Jovem de Nazaré, modelo de santidade e de simplicidade, pedi a vosso Filho por nossa Juventude, para que ela tenha o vigor divino e, assim, a Igreja não se torne envelhecida por aqueles que gostam da acomodação e do descompromisso com os irmãos. Com a Juventude, tornai-nos uma Igreja viva e presente, sinal de esperança e de redenção.

— Senhor, que a força de vossa Palavra, sempre atual, transforme-nos e nos envie em missão. Amém.

6. Unidos em Cristo, adoremos!

L.: Ó Jesus, vós sois o Bom Pastor da Juventude e de nossas Comunidades, ajudai-nos a sermos fiéis a vossa Palavra, que nos liberta e salva. Sois o Pão da vida que alimenta, anima e transforma. Unidos a vós, somos vida e missão, no tempo de agora.
— **Senhor, vinde, pois em vós encontramos a força de que precisamos para viver e cumprir nossa missão. Amém.**

(Entronização, Exposição e Adoração do Santíssimo — Diante do Santíssimo Sacramento, reza-se:)

L.: Senhor, o coração da Igreja está pleno de Jovens santos que deram a vida por vós e até abraçaram o martírio. Juventude, buscai a paz e a liberdade no Senhor Jesus, o Jovem sempre jovem de Nazaré. Nele está o amor, que liberta e faz feliz.
— **Senhor Jesus, Jovem de Nazaré, nós vos adoramos!**
L.: Jovens, buscai o Senhor, pois conhecer seu amor é mais doce que o mel, encontrá-lo é a melhor aventura, ser amigo dele é felicidade sem-fim.
— **Senhor Jesus, Jovem de Nazaré, nós vos adoramos!**
L.: Louvai o Senhor, jovens e adultos, pois Ele rejuvenesce nosso coração e nos reergue dos cansaços do caminho da vida.
— **Senhor Jesus, Jovem de Nazaré, nós vos adoramos!**
L.: Senhor, vós sois a incansável primavera que nos faz florir de vida e de paz, quando vos contemplamos, quando vos adoramos e nos aproximamos de vós, que estais presente na Sagrada Eucaristia.
— **Fazei-nos, Senhor, discípulos-missionários do vosso amor. Amém.**

Bênção do Santíssimo
(Cântico "Tão Sublime" — p. 2)

7. Em Cristo, com Maria
(Consagração)
P.: Maria, vós resplandeceis no coração da Igreja. Sois o modelo de uma Igreja jovem, comprometida com o Reino, que segue o Cristo com docilidade, dedicação e generosidade.
— **Ó incomparável Mãe e Senhora nossa, nós nos consagramos a vós para sermos fiéis a Jesus. Amém.**

(Consagração a Nossa Senhora, à p. 4)

8. Agradecimentos

9. Oferta das Flores
P.: Maria, vós que sois a mais bela Flor do Jardim do céu, acolhei as rosas, os crisântemos e jasmins, pois eles manifestam a beleza de Deus, que nos criou com amor de predileção. Aceitai, ó Maria, nossa oferta de gratidão!
— **Trazemos flores a Maria, pois vamos viver na Aliança do Deus da vida. Amém.**

10. Chamados à Missão
P.: Juventude, ide e vivei a vida com alegria, com liberdade e responsabilidade! Sede no mundo missão, sinal de Cristo Jesus! Não tenhais medo da vida, nem percais

a esperança jamais, nem vos deixeis levar nem derrotar pelas propostas do mal.
— Juventude, ide, Cristo espera vossa resposta e a Igreja vos acolhe com amor maternal.
P.: A você, que hoje rezou, que a brisa leve do Espírito de Deus sopre sobre sua existência... A luz de Cristo brilhe suave em sua face... Que uma chuva de graças caia de mansinho em sua vida. E, até que nos encontremos de novo, que Deus o guarde na palma de suas mãos e o abençoe rica e poderosamente, em tudo e sempre.
— Agora e pelos séculos sem-fim. Amém.

(Homenagem do povo — Entrega das Flores)

6º Dia

Maria, ensinai-nos a pedir bons pastores!

1. Unidos na fé e na missão
P.: Em nome do Pai † e do Filho e do Espírito Santo.
— **Amém.**
P.: Guiai-nos, ó Espírito Divino, nos caminhos do Reino. Iluminados por vossa luz, abracemos nossa vocação para a vida, para a liberdade e a plenitude do amor realizador.
— **Cristo, nosso Senhor, caminhai com vosso povo, pois sois vós o Bom Pastor.**
P.: Maria, sois o amparo maternal do povo peregrino nas agruras da vida. Sois a mão estendida que nos sustenta e nos reergue nas dificuldades e nas horas sem saída.
— **Com vosso Filho, o Bom Pastor, nos firmais na verdade e nos valores do Reino. Amém.**

2. Acolhendo Maria, a Senhora Aparecida
(Entronização da Imagem da Senhora Aparecida — Incensação — Silêncio orante — Na sequência, reza-se e canta-se:)

P.: Senhora Aparecida, conscientes de nossa missão de batizados, hoje vamos rezar pelos diáconos, sacerdotes e bispos. Unidos como Igreja aos legítimos Pastores, que não buscam poder ou fama, distinção ou dominação, nós vos suplicamos confiantes e com esperança.
— **Vinde, ó Maria, despertar nossa consciência para os valores da unidade e do serviço na Igreja. Amém.**

— Ó Mãe e Senhora Aparecida,
Maria, clamamos a vós!
— tornai-nos fortes na esperança!
— Da Igreja sois Mãe e protetora.
Lá no céu, rogai a Deus por nós!

— Ó Mãe e Senhora de nossa pátria,
Maria, clamamos a vós!
— libertai-nos da mentira e opressão,
— guiai-nos na verdade de Cristo!
Lá no céu, rogai a Deus por nós!

— Ó Mãe e Senhora dos humildes,
Maria, clamamos a vós!

— santificai vosso povo peregrino
— e todos os Ministros da Igreja.
Lá no céu, rogai a Deus por nós!

P.: Maria, a beleza do canto e o ressoar da melodia, que nos fazem sentir o céu aqui e agora, toquem o coração de vosso povo e dos legítimos Pastores, e sejamos um povo unido e forte, marcado pela esperança e pela solidariedade.

— Confirmai-nos, ó Mãe Aparecida, como povo fiel e peregrino no caminho do Reino. Amém.

3. A Palavra de Deus nos chama

L.: Maria, Mãe da Igreja, tornai fecunda nossa missão, como sacramento do Reino, cuidando com amor de tudo o que o Senhor nos confiou.

— Unidos na Comunidade, seremos comprometidos com os valores do Evangelho, que traz vida e liberdade. Amém.

(Entrada da Palavra)

— Cântico à Palavra de Deus
— Anúncio — Deveres dos presbíteros — 1Pd 5,1-4

"Apascentai o rebanho de Deus que vos é confiado, não como dominadores, mas tornando-vos modelos para o rebanho".

Leitura da Primeira Carta de Pedro:

^{1}Aos anciãos, que há entre vós, exorto eu, ancião como eles, testemunha dos sofrimentos de Cristo e participante da glória que vai ser revelada. ^{2}Apascentai o rebanho de Deus que vos é confiado, cuidando dele, não contra a vontade, mas de bom grado, como Deus quer; não por vergonhoso amor ao dinheiro, mas com dedicação; ^{3}não como dominadores daqueles que vos couberam por sorte, mas tornando-vos modelos para o rebanho. ^{4}E, quando aparecer o Pastor supremo, recebereis a coroa imperecível da glória.
— Palavra do Senhor!
— Graças a Deus!

(Pregação, Mensagem. Ao fim, canta-se: "Ave-Maria" — Pe. Pelágio, C.Ss.R.)

— Ave, Maria, cheia de graça, o Senhor é convosco. Bendita sois vós entre as mulheres, bendito é o fruto do vosso ventre, Jesus; do vosso ventre, Jesus! Santa Maria Mãe de Deus, rogai por nós, pecadores, agora e na hora de nossa morte. Amém.

4. Testemunho de vida e vocação

Padre Rudy Romano

Missionário redentorista filipino, era um sacerdote e ativista que lutava muito pelos direitos dos pobres. Ele estava com 44 anos, quando foi sequestrado; nunca mais foi encontrado.

O redentorista identificava-se completamente com os que sofriam injustiças sociais e denunciava profeticamente os abusos cometidos pela ditadura militar em seu país.

Padre Rudy foi visto pela última vez em Barangay Tisa, na cidade de Cebu, no dia 11 de julho de 1985. Segundo fontes locais, ele foi sequestrado por homens armados que trabalhavam para o então presidente Ferdinando Marcos. Até hoje, não se sabe se ele morreu; permanece desaparecido.

Esse ditador governou o país com "mão de ferro", entre os anos de 1965 e 1986, e quando, em 1972, decretou a Lei Marcial no país, levou à prisão, sequestrou e torturou milhares de pessoas consideradas "perigosas" para o regime.

Entre as vítimas de sua ditadura, estavam estudantes universitários, sindicalistas, jornalistas e qualquer um que fizesse parte da oposição. Greves e manifestações públicas passaram a ser consideradas ilegais, e todos aqueles que defendiam a justiça social e a defesa dos direitos humanos sentiram a mão pesada da repressão.

Com sua vida e com sua ação, Pe. Rudy defendeu a vida e a dignidade dos muitos feridos da sociedade de seu tempo e de seu país, sendo, à semelhança de João Batista, uma voz que clamava no deserto, buscando a verdadeira libertação.

Esse sacerdote religioso foi capaz de dar sua vida pelos trabalhadores, agricultores e outros pobres, roubados em sua dignidade, na vivência da justiça e da paz.

Foi mártir pela fé ardente em Cristo, na causa que defendia: os mais pobres. Que ele seja nossa inspiração!

5. Compromisso solidário e fraterno

L.: Maria, naquele dia, em Nazaré, o Anjo Gabriel vos ofertou a mais sublime dádiva do céu, para serdes a fiel colaboradora da promessa divina.
— **Vós dissestes sim, pois vosso coração era pleno de amor ao Deus da vida.**
L.: Há uma fé profunda em quem não tem medo de estender a mão e partilhar, como em uma procissão, trazendo o pão e os dons para serem repartidos. É assim que somos Igreja, sem ambição de poder ou distinção.
— **Quem não aprendeu amar os pobres ainda não aprendeu o jeito do Evangelho. Amém.**

(Procissão da Caridade. Terminada a Procissão, o Presidente reza:)

P: Oremos: Ó Maria, Mãe de Cristo, Mãe de todas as gentes, convosco agradecemos ao Pai e a vosso Filho Jesus as mãos ofertantes dos bons Pastores, que sabem olhar, com generosidade e misericórdia, os mais esquecidos da sociedade.
— **Senhor, unidos na Comunidade, romperemos os laços da desigualdade, indiferença e divisão. Amém.**

6. Unidos em Cristo, adoremos!

L.: Ó Cristo, Bom Pastor, que nos ensinais a sermos bons samaritanos, conduzi vossa Igreja e santificai vossos Ministros, e assim eles sejam fiéis colaboradores de vosso Reino.
— **Ó Cristo, presente na Eucaristia, dai-nos a força da unidade, da comunhão e da fraternidade. Amém.**

(Entronização, Exposição e Adoração do Santíssimo — Diante do Santíssimo Sacramento, reza-se:)

L.: Senhor, tornai humilde a hierarquia de vossa Igreja e que ela seja servidora fiel e generosa de vosso povo, principalmente dos pobres e excluídos. Tocai em nosso coração, para que sejamos uma Igreja samaritana e solidária.

— **Cristo, Filho do Deus vivo, nós vos amamos, nós vos adoramos.**
L.: Fortalecei o papa, em sua nobre e árdua missão de guiar vosso povo na paz e na vivência do Concílio Vaticano II. Fortalecei os bispos para que sejam pastores, conforme vosso coração, e inspirai os sacerdotes em sua missão.
— **Príncipe da Paz, Deus forte, nós vos amamos, nós vos adoramos.**
L.: Nós nos lembramos, Senhor, de vossa palavra ao apóstolo Pedro: "Tu és Pedro e sobre esta pedra edificarei minha Igreja". Ajudai vosso povo a caminhar unido aos legítimos Pastores, e os Pastores a caminharem com humildade com seu povo; assim todos nós chegaremos às verdes pastagens.
— **Conselheiro admirável, Deus da vida, nós vos amamos, nós vos adoramos.**
L.: Senhor Jesus, Sacerdote eterno e verdadeiro, fazei-nos todos servidores de vosso Reino, pelo sacerdócio batismal e pelo sacerdócio ministerial. Vossos dons alcancem o coração de cada criatura humana.
— **Sacerdote eterno, Senhor dos tempos futuros, nós vos amamos, nós vos adoramos. Amém.**

Bênção do Santíssimo
(Cântico "Tão Sublime" – p. 2)

7. Em Cristo, com Maria
(Consagração)
P.: Maria, a vós manifestamos nosso desejo de ser uma Igreja viva em plena comunhão com nosso Senhor. Desejamos ser uma Igreja viva, comprometida e transformadora, sinal da beleza e da sabedoria divinas no mundo.
— **Ó Maria, nós nos consagramos a vós para que nossa vida de cristãos seja dedicada a Deus e aos irmãos como a vossa. Amém.**

(Consagração a Nossa Senhora, à p. 4)

8. Agradecimentos

9. Oferta das Flores
P.: Mãos que carregam flores são iguais às vossas mãos, ó Maria, cheias da ternura divina. A beleza da rosa, da flor, dos crisântemos e dos jasmins é sinal da beleza de Deus em nossa vida. Em procissão, ó Maria, somos o mutirão que defende a vida, a dignidade e o pão de cada dia a todos os irmãos.
— **São bonitos demais a fé, a rosa, o amor e o jardim, pois nasceram no coração de nosso Senhor. Amém.**

10. Chamados à Missão
P.: Povo amado do Senhor, vamos, com todo o fervor e vigor, manifestar, em todos os ambientes sociais, a fé e a esperança para que a vida divina floresça entre nós.
— **Com Maria, viveremos na alegria da fé e no compromisso de cristãos.**
P.: Vamos, disponhamos nosso coração, para que seja generoso, dado à simplicidade e humildade, e sejamos todos uma Igreja servidora, plena de bons pastores e bons samaritanos, sem ambições ou ilusões passageiras.
— **Ó Mãe, fazei-nos ser a Igreja viva, que vosso Filho tanto deseja. Amém.**

(Homenagem do povo – Entrega das Flores)

7º Dia

Maria, ensinai-nos o valor da Vida Religiosa Consagrada!

1. Unidos na fé e na missão
P.: Em nome do Pai † e do Filho e do Espírito Santo.
— Amém.
P.: Enviai, Senhor, vosso Espírito de amor sobre toda a Igreja. Caminhando sob vossa luz, abracemos com alegria vossa santa vontade, cumprindo-a com fidelidade, a exemplo de Maria.
— **"Com os corações ardentes e os pés no chão", vamos cumprir com alegria nossa missão.**
P.: Maria, vós fostes chamada pelo próprio Deus e lhe respondestes prontamente. Vosso Filho "subiu ao monte e chamou os que Ele quis". Fazei-nos discípulos fiéis de Jesus, no aqui e agora de nossa história.
— **Com a graça de Deus e com a Palavra nas mãos e no coração, vamos cumprir nossa missão. Amém.**

2. Acolhendo Maria, a Senhora Aparecida
(Entronização da Imagem da Senhora Aparecida — Incensação — Silêncio orante — Na sequência, reza-se e canta-se:)

P.: Hoje, com todo o fervor, vamos louvar a Deus e lhe agradecer a vocação e a missão dos homens e das mulheres, que se consagraram para servirem ao Reino de Deus, pelos três votos de Pobreza, Castidade e Obediência.
— **Ó Maria, vós, que sois a consagrada mais fiel dos desígnios divinos, acolhei nossa súplica. Amém.**

— Ó Mãe e Senhora Aparecida,
Maria, clamamos a vós!
— guardai e protegei os Consagrados,
— e respondam com amor ao chamado.
Lá no céu, rogai a Deus por nós!

— Ó Mãe e Senhora de nossa pátria,
Maria, clamamos a vós!
— firmai-nos na força da esperança
— e guiai vosso povo na Aliança!
Lá no céu, rogai a Deus por nós!

— Ó Mãe e Senhora dos humildes,
Maria, clamamos a vós!
— fazei-nos servidores do Reino

— e felizes por amar e servir.
Lá no céu, rogai a Deus por nós!

P.: Maria, despertai em nosso coração o desejo de fazer um pouco além daquilo que já fazemos, a fim de que não haja contentamento com o menos que realizamos. Vós mesma fizestes, com amor, muito além daquilo que o Senhor vos pediu com amor.

— **Com vosso auxílio, ó Maria, como Consagrados, vamos cumprir nossa missão. Amém.**

3. A Palavra de Deus nos chama

L.: A Palavra de Jesus, como uma semente de trigo lançada no coração, dará seus frutos, assim poderemos fazer o pão que sacia a fome de vida e de realização.

— **Vossa Palavra nos inspire, Senhor, e nos faça ser no mundo sinais de vossa redenção. Amém.**

(Entrada da Palavra)

— **Cântico à Palavra de Deus**
— **Anúncio** — **Condições do seguimento** — **Lc 14,25-30**

"Vinde a mim, vós todos que estais cansados e oprimidos, e eu vos darei descanso!"

Proclamação do Evangelho de Jesus Cristo † segundo Lucas:
[25] Caminhavam com Jesus numerosas multidões. Voltando-se para elas, disse: [26] "Aquele que vem a mim e não tem maior amor a mim do que a seu pai, sua mãe, sua mulher, seus filhos, seus irmãos, suas irmãs e até a sua própria vida não pode ser meu discípulo. [27] Aquele que não carrega sua cruz e não me segue não pode ser meu discípulo. [28] Quem de vós, com efeito, querendo construir uma torre, não se senta primeiro para calcular os gastos e ver se tem o suficiente para concluir a obra? [29] Para não suceder que, colocados os alicerces e não podendo terminá-la, todos os que o virem comecem a zombar dele, dizendo: [30] 'Vede o homem que começou a construir e não conseguiu terminar!'
— Palavra da Salvação!
— **Glória a vós, Senhor!**

(Pregação, Mensagem. Ao fim, canta-se: "Ave-Maria" — Pe. Pelágio, C.Ss.R.)

— **Ave, Maria, cheia de graça,** o Senhor é convosco. Bendita sois vós entre as mulheres, bendito é o fruto do vosso ventre, Jesus; do vosso ventre, Jesus! Santa Maria Mãe de Deus, rogai por nós, pecadores, agora e na hora de nossa morte. Amém.

4. Testemunho de vida e vocação

Manoel Pereira dos Santos

Despertado pelo amor de Deus, o jovem Manoel consagrou-se como Irmão pelos votos de Pobreza, Castidade e Obediência, em uma Congregação Religiosa de Padres e Irmãos. Sua grandeza era aceitar com humildade o que lhe pediam, certamente porque mantinha uma motivação interior por primeiro: seu amor a Deus e aos irmãos. Podemos perceber em suas atitudes que seu interior era carregado de atenção para com os mais necessitados, porque via nos irmãos o próprio Deus, sua face resplandecente.

Teve de dobrar sua natureza, pois era impetuoso e tinha reações até imprevisíveis. Mas, quando foi questionado sobre isso, pediu uma chance e prometeu mudar, o que de fato aconteceu. A perseverança na mudança de atitude, depois de muitos anos, confirma seu empenho e sua dedicação para consigo mesmo.

Quando lhe foi dada a incumbência de cuidar de doentes, não hesitou em ficar mais de três décadas nesse trabalho, tão necessário. Não parece ter hesitado alguma vez em alguma coisa que lhe fosse mais exigente, pois fazia o que lhe estava ao alcance e um pouco mais.

Manoel continua a cumprir sua missão, mesmo com seus 93 anos já vividos e com as limitações próprias de sua idade, pois seu espírito não envelhece.

Hoje, a Vida Consagrada tem aspectos e dimensões plurais, pois o mundo tem suas particularidades e exigências. Mas a opção pela vida de amor a Cristo, nos irmãos, continua a nos provocar e testar o tamanho de nossa fé, confirmando nossa verdadeira disponibilidade para a missão. Há muitos se santificando em nossos dias e nos convidando para adentrar esse mesmo caminho de santidade.

5. Compromisso solidário e fraterno

L.: Maria, vós bem nos ensinais que não há vocação bem vivida, se não for ao encontro do irmão e não lhe estender a mão para ajudar a caminhar com mais dignidade, no caminho da vida.

— **Vosso povo, ó Senhora, não quer andar nas sombras da morte, mas na luz da vida e da liberdade.**

L.: Quando em procissão caminhamos juntos, levando nas mãos o pão, carregamos a força de transformação que existe no mutirão, que faz os grandes tremerem, por causa da união dos humildes, que são irmãos.

— **Na força dos humildes, está presente o Senhor, que tudo transforma por seu poder e por seu amor. Amém.**

(Procissão da Caridade. Terminada a Procissão, o Presidente reza:)

P: Oremos: Ó Maria, Senhora Aparecida, nós vos pedimos: fazei com que os Consagrados sejam sempre dados à prática do bem e da caridade e testemunhem com a Comunidade, no tempo de agora, o que vamos viver um dia no céu.

— **Senhora Aparecida, ajudai os Consagrados a viverem o chamado com alegria e firmeza de intenção. Amém.**

6. Unidos em Cristo, adoremos!

L.: Senhor, nosso Redentor, como poderemos caminhar sem vosso amor? Sois a rocha firme onde construímos nossa vida e nossa missão de cristãos. Santificai os Religiosos, a fim de que eles sejam fiéis e generosos em sua vocação.

— **Vinde, ó Cristo, e inspirai os Religiosos e Consagrados, na missão e na santidade, hoje, aqui e agora. Amém.**

(Entronização, Exposição e Adoração do Santíssimo — Diante do Santíssimo Sacramento, reza-se:)

L.: Senhor, nós vos damos graças pelos incansáveis operários de vossa messe. Eles são como o trigo dourado, que se torna pão, entregando sua vida pela causa dos irmãos, para que haja no mundo vida e comunhão.

— **Fazei-os, Senhor, servidores obedientes em vosso amor!**

L.: Sejam bem-aventurados, Senhor, os homens e as mulheres que entregam a vida pela causa de vosso Reino e não têm medo de se deixarem rodear por jovens, crianças, idosos e adultos, seguindo vossos passos no caminho da redenção.

— **Fazei-os, Senhor, servidores obedientes em vosso amor!**

L.: Dai-lhes, Senhor, a força de que precisam, para não caírem na solidão, e que eles tenham um coração purificado, sempre disposto a amar e servir, como vós fizestes entre nós.

— **Fazei-os, Senhor, servidores obedientes em vosso amor!**

L.: Nosso mundo, Senhor, inunde-se do sorriso e da paz de Religiosos e Consagrados tão realizados, por fazerem da vida uma oferta de amor e de gratidão.

— **Fazei-os, Senhor, servidores obedientes em vosso amor! Amém.**

Bênção do Santíssimo
(Cântico "Tão Sublime" — p. 2)

7. Em Cristo, com Maria
(Consagração)

P.: Maria, vós que sois a mais consagrada das criaturas, pois trouxestes em vosso seio bendito o Verbo eterno do Pai, olhai com bondade para os Religiosos e Consagrados e para todo o povo que vos ama.

— **Sois bendita, ó Senhora Aparecida, sois o modelo de serviço e doação, a força de que precisamos. Amém.**

(Consagração a Nossa Senhora, à p. 4)

8. Agradecimentos

9. Oferta das Flores

P.: Maria, trazemos as flores para vos oferecer, nas mãos das mães, que afagam a dor e educam os filhos no amor. Mãos das mães, que labutam para ganhar o pão, da mulher simples de Nazaré, do casebre, da favela, dos prédios e condomínios. Mãos dos Religiosos e Consagrados, que procuram ser sinais do Reino no mundo.

— **Acolhei nossas flores, ó Maria, como acolhestes Jesus em vosso seio bendito. Amém.**

10. Chamados à Missão

P.: Senhora Aparecida, voltaremos para nossa casa com o coração feliz, comprometidos com a verdade de Cristo, na defesa da vida, na promoção da dignidade humana e na defesa da justiça e da paz.

— **Unidos em Cristo e convosco, ó Maria, tornaremos o mundo mais humano, mais ético e cristão.**

P.: Vamos e caminhemos na esperança, longe do medo de ser sal, luz e fermento, no mundo em transformação. O Senhor esteja em nossa vida e seja nossa paz e a força na missão.

— **Ó Mãe, convosco vamos pelo mundo afora, anunciando a alegria de ser cristão. Amém.**

(Homenagem do povo — Entrega das Flores)

8º Dia

Maria, ensinai-nos a construir uma sociedade justa e solidária!

1. Unidos na fé e na missão

P.: Em nome do Pai † e do Filho e do Espírito Santo.
— Amém.
P.: Maria, de esperança e de fé penetrados, possamos nos saciar de alegria na verdade de Cristo, que gera uma sociedade justa, solidária e fraterna.
— **Unidos no amor de Cristo, ó Maria, vamos construir uma sociedade sem amarras e sem injustiças.**
P.: Maria, a terra inteira canta de alegria, e a ela nos unimos, pois junto do Cristo bem sabemos que há manhãs radiantes e sem ocaso.
— **Caminhando com Cristo, caminhamos na luz, na justiça, na solidariedade e na paz. Amém.**

2. Acolhendo Maria, a Senhora Aparecida

(Entronização da Imagem da Senhora Aparecida — Incensação — Silêncio orante — Na sequência, reza-se e canta-se:)

P.: Senhora Aparecida, voltamos nosso olhar para vós, pois, desde toda a eternidade, o Senhor vos amou e contempla a humanidade com amor eterno.
— **"Eu sou a luz do mundo. Quem me segue não caminha nas trevas, mas terá a luz da vida!"**

— Ó Mãe e Senhora Aparecida,
Maria, clamamos a vós!
— conservai na união vosso povo,
— que ele vença a injustiça e opressão.
Lá no céu, rogai a Deus por nós!

— Ó Mãe e Senhora de nossa pátria,
Maria, clamamos a vós!
— dissipai a mentira e violência,
— e a paz seja nossa companheira.
Lá no céu, rogai a Deus por nós!

— Ó Mãe e Senhora dos humildes,
Maria, clamamos a vós!
— guardai os defensores da vida,
— e a alegria tome conta da nação.
Lá no céu, rogai a Deus por nós!

P.: Lembramos, ó Maria, o que nos diz o profeta Zacarias: "Quem vos toca toca a menina dos meus olhos". Despertai-nos para o compromisso cristão da justiça e da solidariedade, da paz e da união.

— **O desejo de Deus um dia vai reinar, pois a justiça e a paz não têm limites e não têm fronteiras. Amém.**

3. A Palavra de Deus nos chama

L.: Maria, vós acolhestes o Deus dos pobres, pois sois a pobre de Nazaré; estais sempre atenta aos necessitados de hoje, como aos de ontem; sois a Virgem pobre, "Aparecida" nas redes dos pobres pescadores.

— **Quando o cristão abraça sua missão, os pobres têm pão na mesa, dignidade e liberdade. Amém.**

(Entrada da Palavra)

— **Cântico à Palavra de Deus**
— **Anúncio** — **Seguir a vontade de Deus** — **Mt 7,21-23**

"Nem todo aquele que me diz: 'Senhor, Senhor!' entrará no Reino dos céus, mas sim aquele que faz a vontade de meu Pai, que está nos céus."

Proclamação do Evangelho de Jesus Cristo † segundo Mateus:

[21]"Nem todo aquele que me diz: 'Senhor, Senhor!' entrará no Reino dos Céus; mas sim aquele que faz a vontade de meu Pai, que está nos céus. [22]Muitos vão dizer-me naquele dia: 'Senhor, Senhor, não foi em teu nome que pregamos? Não foi em teu nome que expulsamos demônios? Não fizemos muitos milagres em teu nome?' [23]Então, eu lhes direi: 'Não vos conheço! Afastai-vos de mim, vós que praticais a iniquidade!'"

— Palavra da Salvação
— **Glória a vós, Senhor!**

(Pregação, Mensagem. Ao fim, canta-se: "Ave-Maria" — Pe. Pelágio, C.Ss.R.)

— **Ave, Maria, cheia de graça,** o Senhor é convosco. Bendita sois vós entre as mulheres, bendito é o fruto do vosso ventre, Jesus; do vosso ventre, Jesus! Santa Maria Mãe de Deus, rogai por nós, pecadores, agora e na hora de nossa morte. Amém.

4. Testemunho de vida e vocação
Margarida Maria Alves

Margarida Maria Alves era natural de Alagoa Grande, na Paraíba, trabalhadora rural, líder sindicalista e foi a primeira mulher a exercer a direção sindical no Brasil. Foi uma mulher simples, cheia de Deus. Soube ser missionária de verdade, pondo-se do lado dos pobres explorados, como fez Jesus.

Lutou pelos Direitos Trabalhistas, durante a ditadura militar, e foi a responsável por ajuizar muitas ações no Ministério do Trabalho, por causa das injustiças e da exploração sempre dos mais pobres. Ela só queria que os trabalhadores tivessem Carteira de Trabalho assinada e recebessem seus direitos legítimos.

Trabalhava a favor da vida e da justiça. Mas isso desagradou os poderosos — e continua a desagradá-los em nossos dias. Os poderosos não queriam dar voz e importância aos trabalhadores. Faziam-nos escravos!

Por causa de sua luta, por ser a favor dos trabalhadores, Margarida Maria foi assassinada na porta de sua casa. Os assassinos foram mandados por um "poderoso" da região, explorador dos pobres.

Meses antes de sua morte, disse: "É melhor morrer na luta do que morrer de fome". E também: "Fiquem certos de que não fugimos da luta. É melhor saber que nós tombamos do que dizer que nós corremos".

Há 40 anos, no dia 12 de agosto de 1983, por volta das 17 horas, foi assassinada em sua própria casa, onde estavam seu esposo e um filho.

Os jornais noticiaram o ocorrido e, durante seu enterro, em Alagoa Grande, PB, "cerca de mil pessoas entoavam cânticos de conotação político-religiosa".

Até hoje ninguém foi acusado, mesmo que o crime tenha sido denunciado à "Comissão Interamericana de Direitos Humanos". A justiça ainda não foi feita. Será que ela acontecerá?

A justiça, porém, não morre, e Margarida Maria será lembrada por ter estado do lado dos necessitados e feridos pela ganância daqueles fazendeiros. Os mandantes e assassinos, assim como todos nós, do Juiz um dia não terão como fugir. Ele é a verdade, e diante dele não há mentiras nem subornos.

5. Compromisso solidário e fraterno

L.: Maria, a luz divina do Cristo ressuscitado nos faz compreender que a injustiça, o sofrimento e toda dor nos desafiam a ser uma Igreja samaritana.

— **Não há evangelização, se há injustiça e exploração, pois o desejo de Cristo é a redenção.**

L.: Não basta dizer que somos cristãos, se vivemos nos arraiais de nossos interesses egoístas e não somos mãos estendidas e solidárias, que resgatam a vida e fazem dos outros nossos irmãos.

— **Seja no Brasil ou na América Latina inteira, viveremos a verdade do Reino, que liberta e dá a vida. Amém.**

(Procissão da Caridade. Terminada a Procissão, o Presidente reza:)

P: Oremos: Ó Maria, ainda precisamos crescer na prática da justiça e da solidariedade. Assim todos tenham a mesma dignidade, divina e humana, pois esse é o desejo de Cristo, vosso Filho. Aumentai-nos a consciência de vivermos uma fé comprometida e transformadora.

— **Senhora e Mãe do nosso povo, que a força de vosso amor libertador seja vida em nossa vida, nas Comunidades e na Igreja inteira. Amém.**

6. Unidos em Cristo, adoremos!

L.: Ó Senhor, vós sois a misericórdia divina, a justiça do Pai e não vos cansais de esperar nossa res-

posta ao vosso chamado. Fazei-nos andar mais depressa e abraçar com mais solicitude a missão que nos confiais.
— **Senhor recusamos a mentira, violência e opressão e abraçamos a verdade de vosso Reino. Amém.**

(Entronização, Exposição e Adoração do Santíssimo — Diante do Santíssimo Sacramento, reza-se:)

L.: Senhor, que estais presente no mistério de amor, a Eucaristia, abri nossos olhos para vermos mais ao longe, para que saibamos ir mais além, como uma ave, que aprende a voar.
— **Senhor, Deus da vida, fazei-nos fraternos, justos e solidários!**
L.: Ajudai-nos a descobrir em vós o manancial da vida e da liberdade, da justiça e da solidariedade, para que vivamos com mais seriedade o compromisso com vosso Reino.
— **Senhor, Deus da vida, fazei-nos fraternos, justos e solidários!**
L.: Fazei-nos ir ao encontro da ovelha desgarrada ou que deseja sempre fugir, ou que coloque em risco sua própria vida. Fazei-nos irmãos que vão ao encontro dos irmãos!
— **Senhor, Deus da vida, fazei-nos fraternos, justos e solidários!**
L.: Senhor, se vós nos chamais, aqui estamos para andar em vosso caminho, estendendo as mãos para enxugar o pranto ou abraçar quem vos encontrou e está feliz.
— **Senhor, Deus da vida, fazei-nos fraternos, justos e solidários! Amém.**

Bênção do Santíssimo
(Cântico "Tão Sublime" — p. 2)

7. Em Cristo, com Maria
(Consagração)
P.: Maria, vós sois a Mãe de misericórdia, Mãe da justiça divina e força solidária junto dos mais desprovidos de seus direitos. Abri nosso coração para que saibamos construir a vida neste mundo no respeito mútuo, no diálogo, na ética e na solidariedade.
— **Mãe de misericórdia, convosco vamos cumprir nossa missão de cristãos, no bem e na paz. Amém.**

(Consagração a Nossa Senhora, à p. 4)

8. Agradecimentos

9. Oferta das Flores
P.: Maria, embora pareça ainda um sonho um mundo mais justo e solidário, queremos sonhar que vai tornar-se realidade, pois esse é também o sonho de Deus. Por isso, ó Mãe, nossas flores têm sabor de esperança, que, mesmo não realizada, ainda vai se realizar, um dia, com nossa participação.
— **Flores, benditas flores, sonho de paz, de justiça, de solidariedade, pois esse é o desejo de Deus. Amém.**

10. Chamados à Missão
P.: Senhora Aparecida, vamos voltar para nossa casa, com o coração repleto de esperança. O que aqui hoje aprendemos da Palavra divina vamos cultivar em nosso in-

terior, como uma planta tenra, necessitada de cuidados.
— **Vamos cuidar da justiça e da solidariedade, para que elas não sejam teoria, mas realidade entre nós.**
P.: Sejamos missionários da copiosa redenção e coloquemos no coração do mundo o Evangelho de Cristo e na Igreja a realidade do mundo. Vamos e não tenhamos medo de testemunhar a verdade de Cristo!
— **Ó Mãe, vinde conosco, pois assim teremos mais força e coragem para vivermos e testemunharmos o Evangelho. Amém.**

(Homenagem do povo — Entrega das Flores)

9º Dia

Maria, ensinai-nos a perseverar como Família dos Devotos!

1. Unidos na fé e na missão
P.: Em nome do Pai † e do Filho e do Espírito Santo.
— **Amém.**
P.: Cantem os céus, e os homens e as mulheres da terra louvores ao Pai junto de Maria, pois Ele nos fez Família e nos chama, sem cessar, em seu incansável amor.
— **Com cantos, com hinos e bendições, subam aos céus hosanas e hosanas ao Senhor, nosso Deus!**
P.: Maria, ensinai-nos a perseverar no caminho de Cristo, unidos na Igreja e em nossa Comunidade, sempre guiados pela luz do Espírito Santo, misericórdia, que nos transforma e impulsiona.
— **Bendita seja Maria, a Senhora Aparecida, nossa Mãe e Rainha. Amém.**

2. Acolhendo Maria, a Senhora Aparecida
(Entronização da Imagem da Senhora Aparecida — Incensação — Silêncio orante — Na sequência, reza-se e canta-se:)

P.: Senhora Aparecida, hoje vamos celebrar agradecidos a grande Família dos Devotos, para que seus membros, adultos, jovens e devotos mirins, sintam vossa bênção materna. Vós sois o modelo de doação, e convosco vamos entoar nosso Magnificat de louvor e gratidão.
— **Senhora Aparecida, firmai nossos passos no caminho de Jesus, para que sejamos uma Igreja sinodal, viva e comprometida.**

— Ó Mãe e Senhora Aparecida,
Maria, clamamos a vós!
— guardai a Família dos Devotos
— e fazei-nos uma Igreja comprometida!
Lá no céu, rogai a Deus por nós!

— Ó Mãe e Senhora de nossa pátria,
Maria, clamamos a vós!
— como em Caná, socorrei vosso povo
— e fazei-nos discípulos de Cristo!
Lá no céu, rogai a Deus por nós!

— Ó Mãe e Senhora dos humildes, **Maria, clamamos a vós!**
— fazei-nos promotores da paz,
— tornai-nos fiéis ao amor!
Lá no céu, rogai a Deus por nós!

P.: Maria, como vós cantastes o mais belo cântico, o Magnificat, na casa de Isabel, fazei de todos nós, devotos de vosso amor, cantadores da profecia da esperança e da paz, em nossa pátria e no mundo inteiro.
— **Bendito seja o povo da nova Aliança, que o Senhor chamou para ser sinal do Reino do Céu. Amém.**

3. A Palavra de Deus nos chama

L.: Os dons dados pelo Espírito Santo são para servir a Igreja de Jesus, sacramento do Reino. Deus reparte conosco aquilo que Ele é.
— **Cristo, Verbo eterno do Pai, ajudai-nos a vos servir, nos irmãos, com amor e gratidão. Amém.**

(Entrada da Palavra)

— **Cântico à Palavra de Deus**
— **Anúncio** — **Viver na unidade**
— **Ef 4,11-13.15-16**
"(Deus capacita) os irmãos para a obra do ministério, em vista da construção do Corpo de Cristo."
Leitura da Carta de São Paulo aos Efésios:
[11]Foi (Deus) que concedeu a uns ser apóstolos, a outros ser profetas, ou ainda evangelistas, ou pastores, ou mestres, [12]para capacitar os irmãos para a obra do ministério, em vista da construção do Corpo de Cristo, [13]até chegarmos todos à unidade da fé e do conhecimento do Filho de Deus, ao estado de homem perfeito, ao nível da idade que realiza a plenitude de Cristo. [15]... vivendo segundo a verdade na caridade, cresceremos de toda maneira em direção àquele que é a Cabeça, o Cristo, [16]do qual todo o Corpo recebe coordenação e coesão, por meio de toda espécie de articulações que o alimentam e acionam, segundo a energia de cada parte, realizando assim seu crescimento para a edificação de si mesmo no amor.
— Palavra do Senhor!
— **Graças a Deus!**

(Pregação, Mensagem. Ao fim, canta-se: "Ave-Maria" — Pe. Pelágio, C.Ss.R.)
— **Ave, Maria, cheia de graça,** o Senhor é convosco. Bendita sois vós entre as mulheres, bendito é o fruto do vosso ventre, Jesus; do vosso ventre, Jesus! Santa Maria Mãe de Deus, rogai por nós, pecadores, agora e na hora de nossa morte. Amém.

4. Testemunho de vida e vocação

Thales Abdalla Sobrinho
Meu nome é Thales Abdalla, tenho 27 anos. Se eu precisasse numerar a quantidade de anos que tenho devoção a Nossa Senhora Aparecida, certamente seriam 27. Sou neto de duas Aparecidas, filho de uma Aparecida, meu pai faz aniversário no dia 12 de outubro e, se eu não tivesse nascido prematuramente, a cesariana, pela qual eu nasceria, tam-

bém seria no dia 12 de outubro de 1993.

Crescer em uma família, em que a fé na Mãe é inabalável, fez-me um homem forte, honrado e agradecido por receber a maior herança que se pode ter: a fé.

Em março de 2019, fui diagnosticado precocemente com um linfoma agressivo. Minha família se desestruturou completamente, pois sou filho e neto único. O medo do tratamento e do que estava por vir nos tomou, mas, logo em seguida, a fé o substituiu. E, mais uma vez, entreguei minha vida nas mãos de Nossa Senhora Aparecida.

Prometi andar 188 quilômetros a pé, de Santo André, SP, até Aparecida, se ela me desse forças para passar pelo tratamento e conseguir andar sozinho até sua casa. Três meses depois do início das medicações, sem nenhuma explicação médica, os tumores foram entrando em remissão. Passei por uma pequena cirurgia, um tratamento longo e doloroso, mas incrivelmente eficaz, que não alterou minha qualidade de vida. Em outubro daquele ano, cumpri minha promessa. No dia 12 de outubro de 2019, após andar três dias e quatro noites, a pé e sozinho, cheguei ao Santuário Nacional, saudável e andando de cabeça erguida, para entregar a ela meus exames. Eu não sei conduzir minha vida, sem pedir a intercessão dela; não sei acordar sem olhar o pequeno rosto de Nossa Senhora e suas mãos em prece, colocando-me diante de Deus.

Nossa Senhora Aparecida é minha herança familiar, é o legado que passarei para meus filhos, é meu "maior orgulho", amor e devoção! (Thales Abdalla Sobrinho faz parte da "Família dos Devotos".)

5. Compromisso solidário e fraterno

L.: Maria, vós estendestes o olhar e o coração aos noivos necessitados em Caná da Galileia, socorrestes Isabel, naquela hora da gravidez de João Batista, e estivestes ao lado de vosso Filho, no caminho do Calvário e ao pé da Cruz.

— Abri nosso coração para as necessidades de nossos irmãos!

L.: Maria cuidastes com carinho de vossa Casa em Nazaré. A "Família dos Devotos" procura cuidar de vossa Casa, esta grande e bela Basílica, e de todas as obras sociais ligadas ao Santuário Nacional. É o agradecimento de vossos Devotos por tantas graças alcançadas por vossa maternal intercessão.

— Senhora Aparecida, abençoai-nos em cada dia, para que tenhamos o necessário para partilhar com amor e alegria. Amém.

(Procissão da Caridade. Terminada a Procissão, o Presidente reza:)

P: Oremos: Ó Senhora Aparecida, pedi a vosso Filho por nós e pela Família dos Devotos, a qual reparte seus dons com os irmãos que vos buscam em vossa casa, a fim de sermos felizes e vosso filho ter um lugar em nossa casa e em nosso coração.

— Unidos em vossa Igreja e em nossas Comunidades, encontra-

remos o caminho da paz, que nos leva à eternidade. Amém.

6. Unidos em Cristo, adoremos!

L.: Ó amado Redentor, vós sois nossa vida, o único bem digno de ser amado. Olhai com amor para os que evangelizam e para aqueles que favorecem a evangelização, como a Família dos Devotos. A vós entregamos nossa vida sem reservas, pois sois nossa redenção e bondade infinita.

— **Vinde, ó Cristo, amor eterno e compassivo, dai-nos a paz e a coragem de vosso amor. Amém.**

(Entronização, Exposição e Adoração do Santíssimo — Diante do Santíssimo Sacramento, reza-se:)

L.: Senhor, sois o Deus da vida e derramastes sobre toda a humanidade vossa redenção. Do altar da salvação, que sois vós mesmo, vós nos inundais da alegria de vossa misericórdia.

— **Senhor, fazei-nos vossa Família, fiel e comprometida!**

L.: Vós tendes o olhar voltado para aqueles que o mundo não conta e considera sem valor. Mas um mundo e uma sociedade que excluem não podem trazer felicidade. Vós sois o amor sem-fim.

— **Senhor, fazei-nos vossa Família, fiel e comprometida!**

L.: Senhor, vós fazeis maravilhas nos pobres e nos desconsiderados no mundo. Vós derrubais os gananciosos de poder, de dinheiro, de bens e de prazer. Vós sois o modelo de fidelidade e confiança.

— **Senhor, fazei-nos vossa Família, fiel e comprometida!**

L.: Sim, ó Senhor, viveremos por vós e em vós, pois fazeis comunhão conosco. Vossa presença tão terna e boa nos resgata para a vida e nos faz contemplar vosso mistério de amor, a Sagrada Eucaristia.

— **Senhor, fazei-nos vossa Família, fiel e comprometida. Amém.**

Bênção do Santíssimo
(Cântico "Tão Sublime" — p. 2)

7. Em Cristo, com Maria
(Consagração)

P.: Maria, hoje renovamos nossa Consagração como vossos fiéis devotos. E vos consagramos a grande Família dos Devotos, pelo bem que realizará em favor de vossos peregrinos e necessitados.

— **Bendita a Família que tem Maria como modelo de seguimento e de vida cristã. Amém.**

(Consagração a Nossa Senhora, à p. 4)

8. Agradecimentos

9. Oferta das Flores

P.: Maria, com nossas flores nas mãos, nós vos pedimos, com toda a devoção, que elas substituam as armas, que o amor vença o ódio, que a ternura supere a violência e que vivamos em um país de povo devoto e solidário.

— **Ensinai-nos, ó Mãe bendita, a oferecer flores de paz e de justiça a todos os feridos da sociedade. Amém.**

10. Chamados à Missão

P.: Senhora Aparecida, junto de vós agradecemos a vosso Filho Jesus.

Vós desejais e esperais que o amemos ainda mais. Unidos em Comunidade, elevamos o coração em prece de louvor, de amor e de gratidão. Dai-nos a graça de cumprir nossa missão como Igreja, como cristãos batizados.
— **Todos juntos, de mãos dadas e na força da união, iremos tornar o mundo mais fraterno e solidário.**
P.: Vamos, vivamos com intensidade e generosidade e, por onde passarmos, deixemos para trás rastros de esperança, de concórdia, de harmonia e de paz; e o Evangelho de Cristo alcance todos os ambientes da sociedade!
— **Ó Mãe, somos uma grande "Família de Devotos", uma Igreja viva, anunciadora e servidora do bem e dos valores do Reino. Amém, hoje e sempre, amém.**

(Homenagem do povo — Entrega das Flores)

Solenidade Nossa Senhora Aparecida

(Cor Litúrgica: Branca)
Dia da Criança

1. Canto Inicial
(De alegria vibrei no Senhor)

De alegria vibrei no Senhor, pois vestiu-me com sua justiça, adornou-me com joias bonitas, como esposa do rei me elevou.

1. Transborda o meu coração em belos versos ao rei, um poema, uma canção com a língua escreverei. De todos és o mais belo, a graça desabrochou. Em teu semblante, em teus lábios pra sempre Deus te abençoou.

2. Valente, forte, herói. Pela verdade a lutar, a justiça a defender, vitorioso tu serás. Lutas com arma e poder, o inimigo a correr. Eterno é o teu trono, ó Deus, é retidão para valer!

3. Ó rei, amas a justiça, odeias sempre a maldade; com o óleo da alegria, ungiu-te o Deus da verdade. Os mais suaves perfumes as tuas vestes exalam; no teu palácio luxuoso, belos acordes te embalam.

2. Antífona

Com grande alegria, rejubilo-me no Senhor, e minha alma exultará no meu Deus, pois me revestiu de justiça e salvação, como a noiva ornada de suas joias.

3. Saudação

Pres.: Em nome do Pai † e do Filho e do Espírito Santo.
— **Amém.**
Pres.: "Minha alma glorifica o Senhor, exulta meu espírito em Deus, meu Salvador!" Irmãos e irmãs, o Senhor, que encaminha nossos corações para o amor de Deus e a constância de Cristo, esteja convosco.
— **Bendito seja Deus, que nos reuniu no amor de Cristo.**

Bendita seja a Santa Mãe de Cristo, a quem chamamos de Senhora Aparecida... Belo é o Sim de Maria, que espera o nosso sim para seu Filho Jesus. Junto de Maria, somos chamados a conservar a esperança de um povo livre e feliz, como desejava também Ester. Maria é a surpresa de Deus! Batamos à porta da Casa de Nazaré, para que aprendamos a nos deixar tocar por Deus. E Maria nos pede:

"Fazei o que Ele vos disser!" Celebremos a festa da paz, cheios de gratidão à Mãe de Jesus!

4. Ato Penitencial
Pres.: Senhor Deus, sem vosso amor, não podemos viver e, sem vosso perdão, não temos a salvação. Socorrei-nos com vosso amor misericordioso, e que vosso povo tenha a vida e a paz. *(Silêncio)*
Pres.: Senhor, que sois a força dos fracos e o amparo dos humildes, tende misericórdia de nós.
— **Senhor, Filho de Deus Pai, tende misericórdia de nós.**
Pres.: Cristo, que sois amigo dos pobres e bondade junto dos sofredores, tende compaixão de nós.
— **Cristo, Verbo eterno, tende compaixão de nós.**
Pres.: Senhor, que sois nossa vida e nossa salvação, tende piedade de nós.
— **Senhor, Sacerdote eterno, tende piedade de nós.**
Pres.: Deus todo-poderoso, tenha compaixão de nós, perdoe nossos pecados e nos conduza à vida eterna.
— **Amém.**

5. Hino de Louvor
Glória a Deus nas alturas e paz na terra aos homens por ele amados. **Senhor Deus, Rei dos céus, Deus Pai todo-poderoso.** Nós vos louvamos, **nós vos bendizemos,** nós vos adoramos, **nós vos glorificamos,** nós vos damos graças por vossa imensa glória. **Senhor Jesus Cristo, Filho unigênito,** Senhor Deus, Cordeiro de Deus, Filho de Deus Pai. **Vós, que tirais o pecado do mundo, tende piedade de nós.** Vós, que tirais o pecado do mundo, acolhei a nossa súplica. **Vós, que estais à direita do Pai, tende piedade de nós.** Só vós sois o Santo, **só vós, o Senhor,** só vós, o Altíssimo, Jesus Cristo, **com o Espírito Santo, na glória de Deus Pai. Amém.**

6. Oração
Pres.: OREMOS: *(instante de silêncio)* Ó DEUS TODO-PODEROSO, ao rendermos culto à Imaculada Conceição de Maria, Mãe de Deus e Senhora nossa, concedei que o povo brasileiro, fiel à sua vocação e vivendo na paz e na justiça, possa chegar um dia à pátria definitiva. Por nosso Senhor Jesus Cristo, vosso Filho, na unidade do Espírito Santo.
— **Amém.**

LITURGIA DA PALAVRA
Ouvir o Senhor!

Ester intercede diante do rei, em favor do povo, e Maria intercede a Jesus, naquela festa de casamento. Jesus é o Vinho Novo, da nova Aliança, que devemos experimentar para alcançar a salvação.

7. Primeira Leitura
(Est 5,1b-2;7,2b-3)
Leitura do Livro de Ester:
[1b]Ester revestiu-se com vestes de rainha e foi colocar-se no vestíbulo interno do palácio real, diante da residência do rei. O rei estava sentado no trono real, na sala do trono, em frente à entrada. [2]Ao ver a rainha Ester parada no vestíbulo, olhou para ela com agrado e

estendeu-lhe o cetro de ouro que tinha na mão, e Ester aproximou-se para tocar a ponta do cetro.

[7,2b] Então, o rei lhe disse: "O que me pedes, Ester; o que queres que eu faça? Ainda que me pedisses a metade do meu reino, ela te seria concedida".

[3] Ester respondeu-lhe: "Se ganhei as tuas boas graças, ó rei, e se for de teu agrado, concede-me a vida — eis o meu pedido! — e a vida do meu povo — eis o meu desejo!"
— Palavra do Senhor.
— **Graças a Deus!**

8. Salmo Responsorial (Sl 44)
Salmista: Escutai, minha filha, olhai, ouvi isto:/ que o Rei se encante com vossa beleza!

1. Escutai, minha filha, olhai, ouvi isto:/ "Esquecei vosso povo e a casa paterna!/ Que o Rei se encante com vossa beleza!/ Prestai-lhe homenagem: é vosso Senhor!
2. O povo de Tiro vos traz seus presentes,/ os grandes do povo vos pedem favores./ Majestosa, a princesa real vem chegando,/ vestida de ricos brocados de ouro.
3. Em vestes vistosas, ao Rei se dirige,/ e as virgens amigas lhe formam cortejo;/ entre cantos de festa e com grande alegria,/ ingressam, então, no palácio real".

9. Segunda Leitura
(Ap 12,1.5.13a.15-16a)
Leitura do Livro do Apocalipse de São João:
[1] Apareceu no céu um grande sinal: uma mulher vestida do sol, tendo a lua debaixo dos pés e sobre a cabeça uma coroa de doze estrelas. [5] E ela deu à luz um filho homem, que veio para governar todas as nações com cetro de ferro. Mas o filho foi levado para junto de Deus e do seu trono.
[13a] Quando viu que tinha sido expulso para a terra, o dragão começou a perseguir a mulher que tinha dado à luz o menino.
[15] A serpente, então, vomitou como um rio de água atrás da mulher, a fim de a submergir. [16a] A terra, porém, veio em socorro da mulher.
— Palavra do Senhor.
— **Graças a Deus!**

10. Aclamação ao Evangelho
— **Aleluia! Aleluia! Aleluia!**
— Disse a Mãe de Jesus aos serventes: "Fazei tudo o que Ele vos disser!"

Anúncio do Evangelho *(Jo 2,1-11)*
Pres.: O Senhor esteja convosco.
— **Ele está no meio de nós.**
Pres.: PROCLAMAÇÃO do Evangelho de Jesus Cristo † segundo João.
— **Glória a vós, Senhor.**

Naquele tempo, [1] houve um casamento em Caná da Galileia. A mãe de Jesus estava presente. [2] Também Jesus e seus discípulos tinham sido convidados para o casamento. [3] Como o vinho veio a faltar, a mãe de Jesus lhe disse: "Eles não têm mais vinho".
[4] Jesus respondeu-lhe: "Mulher, por que dizes isto a mim? Minha hora ainda não chegou".
[5] Sua mãe disse aos que estavam servindo: "Fazei o que ele vos disser!"
[6] Estavam seis talhas de pedra colocadas aí para a purificação

que os judeus costumam fazer. Em cada uma delas, cabiam mais ou menos cem litros.

⁷Jesus disse aos que estavam servindo: "Enchei as talhas de água!" Encheram-nas até a boca. ⁸Jesus disse: "Agora tirai e levai ao mestre-sala!" E eles levaram. ⁹O mestre-sala experimentou a água que se tinha transformado em vinho. Ele não sabia de onde vinha, mas os que estavam servindo sabiam, pois eram eles que tinham tirado a água.

¹⁰O mestre-sala chamou então o noivo e lhe disse: "Todo mundo serve primeiro o vinho melhor e, quando os convidados já estão embriagados, serve o vinho menos bom. Mas tu guardaste o vinho bom até agora!"

¹¹Esse foi o início dos sinais de Jesus. Ele o realizou em Caná da Galileia e manifestou a sua glória, e seus discípulos creram nele.
— Palavra da Salvação.
— **Glória a vós, Senhor.**

11. Profissão de Fé

Creio em Deus Pai todo-poderoso, criador do céu e da terra. **E em Jesus Cristo, seu único Filho, nosso Senhor,** que foi concebido pelo poder do Espírito Santo; nasceu da Virgem Maria; **padeceu sob Pôncio Pilatos, foi crucificado, morto e sepultado.** Desceu à mansão dos mortos, ressuscitou ao terceiro dia, **subiu aos céus; está sentado à direita de Deus Pai todo-poderoso,** donde há de vir a julgar os vivos e os mortos. **Creio no Espírito Santo;** na Santa Igreja católica; na comunhão dos santos; **na remissão dos pecados;** na ressurreição da carne; **na vida eterna. Amém.**

12. Preces da Comunidade

Pres.: Unidos em Cristo com Maria, elevemos aos céus nossas preces, confiantes no amor de Deus Pai por seu povo, e digamos com fé: **Por vosso amor, ouvi-nos, Senhor!**

1. OLHAI com bondade para vosso povo e guiai-o no caminho de vosso Reino.

2. MULTIPLICAI os dispensadores de vossa misericórdia para com os pobres e menos favorecidos.

3. AUMENTAI em nós o desejo sincero de vos servir na solidariedade, na prática do bem e da justiça.

4. DAI-NOS um coração simples, humilde e generoso, como o de Maria, vossa filha predileta.

5. TORNAI-NOS mais dóceis ao vosso Santo Espírito, e que Ele nos ajude a ser uma Igreja viva, sinodal e defensora fiel dos valores do Reino.

6. *(Outras intenções...)*

Pres.: Guardai-nos, Senhor Deus, bem junto de vós, pois em vós estão a vida, a alegria e a paz, e aumentai nossa fé em Cristo, vosso Filho e Redentor nosso.
— **Amém.**

LITURGIA EUCARÍSTICA
Partilhar e Agradecer!

Todos podemos participar da festa da vida. Na festa do Reino, há lugar para todos. Ali, os convidados não são decepcionados, pois Maria está presente e nos socorre em nossas necessidades. A Comunidade cristã vive essa festa, quando está unida e é solidária.

13. Cântico das Oferendas
(Como vai ser?)

1. Como vai ser? Nossa festa não pode seguir: tarde demais pra buscar outro vinho e servir.
Em meio a todo sobressalto, é Maria quem sabe lembrar: "Se o meu Filho está presente, nada pode faltar!" "Se o meu Filho está presente, nada pode faltar!"
2. Mas que fazer? Se tem água, tem vinho também: basta um sinal! E em Caná quem provou: "tudo bem!"
3. Como não crer? A alegria da vida nos vem, quando os irmãos põem à mesa seus dons e o que têm.

14. Oração sobre as Oferendas

Pres.: Orai, irmãos e irmãs, para que o nosso sacrifício, nesta solenidade da Padroeira do Brasil, seja aceito por Deus Pai todo-poderoso.
— **Receba o Senhor por tuas mãos este sacrifício, para glória do seu nome, para nosso bem e de toda a santa Igreja.**

Pres.: ACOLHEI, ó Deus, as preces e oferendas apresentadas em honra de Maria, Mãe de Jesus Cristo, vosso Filho; concedei que elas vos sejam agradáveis e nos tragam a graça da vossa proteção. Por Cristo, nosso Senhor.
— **Amém.**

15. Oração Eucarística III

(Ou à escolha do Presidente. Missal, p. 482; Pf. p. 678)

Pres.: O Senhor esteja convosco.
— **Ele está no meio de nós.**
Pres.: Corações ao alto.
— **O nosso coração está em Deus.**
Pres.: Demos graças ao Senhor, nosso Deus.
— **É nosso dever e nossa salvação.**
Pres.: NA VERDADE, é justo e necessário, é nosso dever e salvação dar-vos graças, sempre e em todo o lugar, Senhor, Pai santo, Deus eterno e todo-poderoso. A fim de preparar para o vosso Filho mãe que fosse digna dele, preservastes a Virgem Maria da mancha do pecado original, enriquecendo-a com a plenitude da vossa graça. Nela, vós nos destes as primícias da Igreja, esposa de Cristo, sem ruga e sem mancha, resplandecente de beleza. Puríssima, na verdade, devia ser a Virgem que nos daria o Salvador, o Cordeiro sem mancha, que tira os nossos pecados. Escolhida, entre todas as mulheres, modelo de santidade e advogada nossa, ela intervém constantemente em favor de vosso povo. Unidos à multidão dos anjos e dos santos, proclamamos a vossa bondade, cantando (dizendo) a uma só voz:
— **Santo, Santo, Santo, Senhor, Deus do universo! O céu e a terra proclamam a vossa glória. Hosana nas alturas! Bendito o que vem em nome do Senhor! Hosana nas alturas!**
Pres.: NA VERDADE, vós sois santo, ó Deus do universo, e tudo o que criastes proclama o vosso louvor, porque, por Jesus Cristo, vosso Filho e Senhor nosso, e pela força do Espírito Santo, dais vida e santidade a todas as coisas e não cessais de reunir o vosso povo, para que vos ofereça em toda parte, do

nascer ao pôr do sol, um sacrifício perfeito.

— **Santificai e reuni o vosso povo!**

Pres.: POR ISSO, nós vos suplicamos: santificai pelo Espírito Santo as oferendas que vos apresentamos para serem consagradas, a fim de que se tornem o Corpo e † o Sangue de Jesus Cristo, vosso Filho e Senhor nosso, que nos mandou celebrar este mistério.

— **Santificai nossa oferenda, ó Senhor!**

Pres.: NA NOITE em que ia ser entregue, ele tomou o pão, deu graças, e o partiu e deu a seus discípulos, dizendo:

TOMAI, TODOS, E COMEI: ISTO É O MEU CORPO, QUE SERÁ ENTREGUE POR VÓS.

Pres.: Do mesmo modo, ao fim da ceia, ele tomou o cálice em suas mãos, deu graças novamente, e o deu a seus discípulos, dizendo:

TOMAI, TODOS, E BEBEI: ESTE É O CÁLICE DO MEU SANGUE, O SANGUE DA NOVA E ETERNA ALIANÇA, QUE SERÁ DERRAMADO POR VÓS E POR TODOS, PARA REMISSÃO DOS PECADOS. FAZEI ISTO EM MEMÓRIA DE MIM.

Pres.: Eis o mistério da fé!

— **Salvador do mundo, salvai-nos, vós que nos libertastes pela cruz e ressurreição!**

Pres.: CELEBRANDO agora, ó Pai, a memória do vosso Filho, da sua paixão que nos salva, da sua gloriosa ressurreição e da sua ascensão ao céu, e enquanto esperamos a sua nova vinda, nós vos oferecemos em ação de graças este sacrifício de vida e santidade.

— **Recebei, ó Senhor, a nossa oferta!**

Pres.: OLHAI com bondade a oferenda da vossa Igreja, reconhecei o sacrifício que nos reconcilia convosco e concedei que, alimentando-nos com o Corpo e o Sangue do vosso Filho, sejamos repletos do Espírito Santo e nos tornemos em Cristo um só corpo e um só espírito.

— **Fazei de nós um só corpo e um só espírito!**

Pres.: QUE ELE FAÇA de nós uma oferenda perfeita para alcançarmos a vida eterna com os vossos santos: a Virgem Maria, Mãe de Deus, São José, seu esposo, os vossos Apóstolos e Mártires, N. (o santo do dia ou o padroeiro), e todos os santos, que não cessam de interceder por nós na vossa presença.

— **Fazei de nós uma perfeita oferenda!**

Pres.: E AGORA, nós vos suplicamos, ó Pai, que este sacrifício da nossa reconciliação estenda a paz e a salvação ao mundo inteiro. Confirmai na fé e na caridade a vossa Igreja, enquanto caminha neste mundo: o vosso servo o papa N., o nosso bispo N., com os bispos do mundo inteiro, o clero e todo o povo que conquistastes.

— **Lembrai-vos, ó Pai, da vossa Igreja!**

Pres.: ATENDEI às preces da vossa família, que está aqui, na vossa presença. Reuni em vós, Pai de misericórdia, todos os vossos filhos e filhas dispersos pelo mundo inteiro.

— **Lembrai-vos, ó Pai, dos vossos filhos!**

Pres.: ACOLHEI com bondade no vosso reino os nossos irmãos e irmãs que partiram desta vida e todos os que morreram na vossa

amizade. Unidos a eles, esperamos também nós saciar-nos eternamente da vossa glória, por Cristo, Senhor nosso.
— **A todos saciai com vossa glória!**
Pres.: Por ele dais ao mundo todo bem e toda graça.
Pres.: POR CRISTO, com Cristo, em Cristo, a vós, Deus Pai todo-poderoso, na unidade do Espírito Santo, toda a honra e toda a glória, agora e para sempre.
— **Amém.**

16. Oração do Pai-nosso
Pres.: Obedientes, como Maria, à palavra do Salvador e formados por seu divino ensinamento, ousamos dizer:
— **PAI NOSSO...**
Pres.: Livrai-nos de todos os males, ó Pai, e dai-nos hoje a vossa paz. Ajudados pela vossa misericórdia, sejamos sempre livres do pecado e protegidos de todos os perigos, enquanto, vivendo a esperança, aguardamos a vinda do Cristo Salvador.
— **Vosso é o reino, o poder e a glória para sempre!**

17. Oração pela Paz
Pres.: Senhor Jesus Cristo, dissestes aos vossos Apóstolos: "Eu vos deixo a paz, eu vos dou a minha paz". Não olheis os nossos pecados, mas a fé que anima vossa Igreja; dai-lhe, segundo o vosso desejo, a paz e a unidade. Vós, que sois Deus, com o Pai e o Espírito Santo.
— **Amém.**
Pres.: A paz do Senhor esteja sempre convosco.
— **O amor de Cristo nos uniu.**
Pres.: Como filhos e filhas do Deus da paz, saudai-vos com um gesto de comunhão fraterna.

18. Fração do Pão
Pres.: Esta união do Corpo e do Sangue de Jesus, o Cristo e Senhor nosso, que vamos receber, nos sirva para a vida eterna.
— **Cordeiro de Deus, que tirais o pecado do mundo, tende piedade de nós. Cordeiro de Deus, que tirais o pecado do mundo, tende piedade de nós. Cordeiro de Deus, que tirais o pecado do mundo, dai-nos a paz.**
Pres.: Senhor Jesus Cristo, o vosso Corpo e o vosso Sangue, que vou receber, não se tornem causa de juízo e condenação; mas, por vossa bondade, sejam sustento e remédio para minha vida.
Pres.: Provai e vede como o Senhor é bom; feliz de quem nele encontra seu refúgio. Eis o Cordeiro de Deus, que tira o pecado do mundo.
— **Senhor, eu não sou digno(a) de que entreis em minha morada, mas dizei uma palavra e serei salvo(a).**

19. Cântico da Comunhão
(Cantos do Evangelho, v. 4 — Paulus)
Antífona: Disse a Mãe de Jesus aos serventes:
Refrão: Fazei tudo o que ele disser! E Jesus ordenou que enchessem aquelas seis talhas de água, que foi transformada em vinho!
1. Ensinai-me a viver vossos preceitos; quero guardá-los fielmente até o fim! Dai-me saber, e

cumprirei a vossa lei, e de todo o coração a guardarei.

2. Guiai meus passos no caminho que traçastes, pois só nele encontrarei felicidade. Inclinai meu coração às vossas leis, e nunca ao dinheiro e à avareza.

3. Desviai o meu olhar das coisas vãs, dai-me a vida pelos vossos mandamentos! Cumpri, Senhor, vossa promessa ao vosso servo, vossa promessa garantida aos que vos temem.

4. Livrai-me do insulto que eu receio, porque vossos julgamentos são suaves. Como anseio pelos vossos mandamentos! Dai-me a vida, ó Senhor, porque sois justo!

20. Oração para o Sínodo

Aqui estamos, diante de vós, Espírito Santo: estamos todos reunidos no vosso nome.

Vinde a nós, assisti-nos, descei aos nossos corações.

Ensinai-nos o que devemos fazer, **mostrai-nos o caminho a seguir, todos juntos**.

Não permitais que a justiça seja lesada por nós pecadores, **que a ignorância nos desvie do caminho,** nem as simpatias humanas nos tornem parciais, **para que sejamos um em vós e nunca nos separemos da verdade.**

Nós vo-lo pedimos a vós, que, sempre e em toda a parte, **agis em comunhão com o Pai e o Filho pelos séculos dos séculos. Amém.**

21. Oração Pós-Comunhão

Pres.: OREMOS: ALIMENTADOS com o Corpo e o Sangue de vosso Filho, nós vos suplicamos, ó Deus: dai ao vosso povo, sob o olhar de Nossa Senhora da Conceição Aparecida, irmanar-se nas tarefas de cada dia para a construção do vosso reino. Por Cristo, nosso Senhor.
— **Amém.**

22. Bênção Solene

Pres.: O Senhor esteja convosco.
— **Ele está no meio de nós.**
Pres.: O Deus de bondade, que, pelo Filho da Virgem Maria, quis salvar a todos, enriqueça-vos com sua bênção.
— **Amém.**
Pres.: Seja-vos dado sentir sempre e por toda parte a proteção da Virgem, por quem recebestes o autor da vida.
— **Amém.**
Pres.: E vós, que vos reunistes hoje para celebrar sua solenidade, possais colher a alegria espiritual e o prêmio eterno.
— **Amém.**
Pres.: Abençoe-vos Deus todo-poderoso, Pai † e Filho e Espírito Santo.
— **Amém.**
Pres.: A alegria do Senhor seja a vossa força; ide em paz e o Senhor vos acompanhe.
— **Graças a Deus!**

(Cânticos: Hinário Litúrgico — Festas Litúrgicas III — CNBB. / Cantos do Evangelho, v. 4 — Paulus)

Cânticos Novena e Festa da Padroeira – 2023

1. Hino da Novena e Festa da Padroeira 2023
(Pe. Wallison Rodrigues)
Maria,/: ensinai-nos que Vocação é graça e missão:/
1. Mulher que Deus chamou em Nazaré./ *Maria, ouvi nossa voz!/* Queremos discernir o que Deus quer./ *Maria, ouvi nossa voz!*
2. Fazei-nos encontrar o vosso Filho./ *Maria, ouvi nossa voz!/* Com Ele o viver tem novo brilho./ *Maria, ouvi nossa voz!*
3. Senhora e Mãe de toda vocação./ *Maria, ouvi nossa voz!/* Patrona deste povo em missão./ *Maria, ouvi nossa voz!*
4. Dos pobres e humildes sois auxílio./ *Maria, ouvi nossa voz!/* Há neles as feições do vosso Filho./ *Maria, ouvi nossa voz!*
5. Da vida religiosa sois modelo./ *Maria, ouvi nossa voz!/* Aos leigos e ordenados nosso apelo:/ *Maria, ouvi nossa voz!*
6. Um "sim" que nos inspira ao serviço./ *Maria, ouvi nossa voz!/* Ser sal, fermento e luz — um compromisso!/ *Maria, ouvi nossa voz!*
7. Escola que educa à santidade./ *Maria, ouvi nossa voz!/* Discípula da Eterna Caridade./ *Maria, ouvi nossa voz!*
8. Aos jovens sois amparo na missão./ *Maria, ouvi nossa voz!/* Guardai-nos sob a vossa proteção./ *Maria, ouvi nossa voz!*
9. Família dos devotos que hoje canta:/ *Maria, ouvi nossa voz!/* Com fé e testemunhos que encantam./ *Maria, ouvi nossa voz!*
10. De vosso Santuário, Aparecida:/ *Maria, ouvi nossa voz!/* É festa e luz, é graça recebida./ *Maria, ouvi nossa voz!*

2. Hino do Ano Vocacional no Brasil 2023
(L.: Dom Pedro Britto Guimarães/ M.: Pe. Wallison Rodrigues)
1. Subiremos a montanha, qual Jesus./ Passaremos dia e noite em oração./ Ouviremos o Senhor a nos chamar/ a uma nova estação vocacional./ E o convite pra com Ele hoje estar/ numa Igreja toda ela sinodal.
Emaús é aqui, onde arde o coração!/ Emaús é aqui, onde os pés se moverão!/ Emaús é aqui, como graça e oração!
2. Desceremos da montanha, com Jesus./ Trilharemos o caminho de

Emaús,/ à procura de irmãos crucificados,/ a uma nova estação vocacional./ Aquecer os corações desconsolados,/ numa Igreja toda ela sinodal.
Emaús somos nós, uma Igreja em saída./ Emaús somos nós, juventudes reunidas./ Emaús somos nós, no cuidado com a vida!
3. Abriremos nossos olhos, em Jesus,/ quando Ele nos falar ao coração./ Mesa pronta, pão partido e partilhado,/ por uma nova estação vocacional./ Ele está e ficará ao nosso lado,/ numa Igreja toda ela sinodal.
Emaús é assim: despertar a multidão!/ Emaús é assim: discernir a vocação!/ Emaús é assim: como graça e missão!
4. E seremos missionários, qual Jesus,/ indo em busca destas novas gerações,/ com Maria, pelos campos e cidades,/ por uma nova estação vocacional./ No Espírito formar comunidades,/ numa Igreja toda ela sinodal.
Emaús é aqui: ao levar consolação./ Emaús somos nós, onde houver desolação./ Emaús é assim: uma graça e vocação!

3. Virgem Mãe Aparecida
(Pe. João B. Lehmann)
1. Virgem Mãe Aparecida,/ estendei o vosso olhar/ sobre o chão de nossa vida,/ sobre nós e nosso lar.
Virgem Mãe Aparecida,/ nossa vida e nossa luz,/: *dai-nos sempre, nesta vida,/ paz e amor no bom Jesus:/* (bis)
2. Peregrinos, longes terras/ caminhamos através/ de altos montes, de altas serras,/ para vos beijar os pés.
3. Estendei os vossos braços/ que trazeis no peito em cruz,/ para nos guiar os passos/ para o reino de Jesus.
4. Desta vida nos extremos,/ trazei paz, trazei perdão/ a nós, Mãe, que vos trazemos/ com amor no coração.

4. Aparecida do Brasil
(Glória Viana)
1. Virgem Mãe tão poderosa,/ Aparecida do Brasil!/ Mãe fiel aos seus devotos,/ de cor morena, uniu os filhos seus./ Mãe, és Rainha/ dos peregrinos/ que vêm de longe pra te saudar!/ Mãe venerada,/ sejas louvada!/ És o orgulho do Brasil!
2. Mãe, teu nome ressurgido/ dentro das águas de um grande rio,/ espalhou-se como o vento,/ de sul a norte pra nós surgiu!/ Mãe caridosa,/ sempre esperando,/ de mãos erguidas, os filhos teus,/ tu és Rainha do/ mundo inteiro,/ Aparecida do Brasil!

5. O milagre de Nossa Senhora
(Pe. Ronoaldo Pelaquin, C.Ss.R.)
1. Foi nos tempos bem longe na história/ que nas águas do rio sucedeu:/ pescadores buscavam sustento,/ alimento pra quem não comeu./ Todos lembram, está na memória,/ o milagre nascido nas águas,/ o milagre da pesca da imagem,/ o milagre de Nossa Senhora.
Vamos todos cantar, com amor,/ relembrando a imagem querida:/ *a minh'alma engrandece o Senhor/ pela Santa de Aparecida!* (bis)
2. Na Capela do Morro Coqueiro,/ quanta coisa bonita se viu!/ Quanta gente pedindo, chorando,/ implorando a cura na hora!/ Todos lem-

bram o tal cavaleiro,/ e o milagre das velas no altar,/ o milagre do negro escravo,/ o milagre de Nossa Senhora.
Vamos todos cantar, com amor,/ relembrando a imagem querida:/ a minh'alma engrandece o Senhor/ pela Santa de Aparecida! *(bis)*
3. Romarias de longe vieram,/ carregadas no embalo da fé,/ procurando, quem sabe, uma graça/ pras desgraças que sempre tiveram./ Todos querem, também, como outrora,/ um milagre pra poder viver,/ o milagre do amor que não passa,/ o milagre de Nossa Senhora!

6. Nossa Senhora da Luz
(Casemiro V. Nogueira)
1. Quem é essa mulher/ tão formosa, vestida de sol?/ Quem é essa mulher/ tão bonita como o arrebol?/ Quem é essa mulher/ coroada com estrelas do céu?/ Quem é essa mulher/ de sorriso meigo, doce como o mel?
É Maria, a Mãe de Jesus!/ É Maria, a Senhora da Luz! *(bis)*
2. Quem é essa mulher/ de ternura expressa no olhar?/ Quem é essa mulher/ braços fortes, rainha do lar?/ Quem é essa mulher/ que aceitou dar ao mundo a Luz?/ Quem é essa mulher/ que carregou em seu ventre Jesus?
3. Quem é essa mulher/ companheira de caminhada?/ Quem é essa mulher/ caminheira em nossa jornada?/ Quem é essa mulher/ que nos mostra a face de Deus?/ Quem é essa mulher/ que caminha junto com o povo seu?
4. Quem é essa mulher/ que se faz mãe, com todas as mães?/ Quem é essa mulher/ que é senhora, que é serva, que é mãe?/ Quem é essa mulher/ Mãe do povo, auxílio na cruz?/ Quem é essa mulher?/ É a Mãe de Deus, a Senhora da Luz!

7. Nossa Senhora, me dê coragem
(Pe. Ronoaldo Pelaquin, C.Ss.R.)
Nossa Senhora,/ me dê coragem/ nos desesperos/ do coração./ Nos desesperos/ da caminhada,/ Nossa Senhora,/ me dê a mão.
1. Sempre a meu lado,/ ela estava/ quando eu andava longe de Deus./ Agora que lhe entreguei meu coração,/ que lhe fiz consagração/ do meu corpo e todo ser,/ agora que me arrependo do malfeito,/ não tem jeito o pecado,/ Deus comigo eu quero ter.
2. Como eu bem sei/ que sou tão fraco/ e nos seus braços/ terei amor,/ não desanimo quando ouvir a tentação,/ pois terei sempre perdão/ cada vez que eu cair./ Em vez de medo eu terei de Deus temor,/ para não ficar no chão/ quando a morte, enfim, vier.

8. Palavras santas do Senhor
(L.: Balduino Meurer/
M.: Melodia popular)
Palavras santas do Senhor eu guardarei no coração. *(bis)*
1. Vossa Palavra é uma luz a iluminar/ o vosso povo em marcha alegre para o Pai.
2. Palavra viva, penetrante e eficaz,/ que nos dá força, nos dá vida, amor e paz.
3. De muitos modos Deus falou a nossos pais;/ ultimamente, por seu Filho, nos falou.

9. Com flores e com hinos
(José Acácio Santana)
Com flores e com hinos,/ com sentimentos bons,/ à Mãe dos peregrinos/ trazemos nossos dons. *(bis)*
1. O pão de cada dia e o dom de ter um lar,/ na Casa de Maria, queremos ofertar.
2. A chuva e o orvalho, o sol que vem brilhar,/ e a bênção do trabalho queremos ofertar.
3. A Santa Mãe ajude dos males nos livrar,/ e a graça da saúde possamos ofertar.
4. A oferta mais sagrada do nosso coração/ é a vida consagrada/ à sua proteção.

10. Vinde, vamos, todos
(L.: Adaptação a partir da Harpa de Sião/ M.: de autoria desconhecida)
Vinde, vamos todos,/ com flores à porfia,/ com flores a Maria,/ que Mãe nossa é. *(bis)*
1. De novo aqui devotos,/ ó Virgem Mãe de Deus,/ estão os filhos teus/ prostrados a teus pés.
2. A oferecer-te vimos/ flores do mês eleito,/ com quanto amante peito,/ Senhora, tu vês.
3. Mas o que mais te agrada/ do que o lírio e a rosa,/ recebe, ó Mãe piedosa,/ o nosso coração.
4. Em troca te pedimos/ defenda-nos, Senhora,/ agora e na última hora,/ tua potente mão.

11. Olhai as flores, Senhora
(Pe. Ronoaldo Pelaquin, C.Ss.R.)
1. Olhai as flores, Senhora,/ as flores que ofereço,/ embora sei, não mereço;/ olhai as flores, Senhora./ Flores de amores, Senhora,/ flores de dores também./ Flores de espinhos ou sem,/ olhai as flores, Senhora.
Olhai, olhai, Senhora,/ as flores que ofereço,/ olhai, olhai! *(bis)*
2. Olhai as flores, Senhora,/ que eu consegui cultivar,/ que trouxe a vosso altar;/ olhai as flores, Senhora./ Assim bonitas, Senhora,/ assim vermelhas e brancas,/ agora bentas e santas,/ olhai as flores, Senhora.
3. Olhai as flores, Senhora,/ quando eu preciso comprar,/ por não saber cultivar;/ olhai as flores,/ Senhora./ Mas sou feliz, ó Senhora,/ porque plantaram pra mim:/ rosas, violetas, jasmim.../ Olhai as flores, Senhora.
4. Olhai as flores, Senhora,/ enquanto eu faço um pedido./ Preciso ser atendido;/ olhai as flores, Senhora./ Levai as flores, Senhora,/ a nosso Deus, lá no céu,/ o vosso Deus e o meu;/ levai as flores, Senhora.
Levai, levai, Senhora,/ as flores que ofereço,/ levai, levai! *(bis)*

12. Prece das Flores
(Silvio Lino)
1. O Santuário da Senhora Aparecida é terra Santa, é chão Sagrado onde eu piso. De romaria venho a Virgem visitar, flores e preces apresento neste altar.
Por isso eu canto com amor e esperança, erguendo os olhos, as mãos e inteiro coração: pra bendizer e agradecer o dom da vida ao Criador, que com amor me deu por Mãe: Nossa Senhora de Aparecida.
2. Em cada Rosa que enfeita o vosso trono, lembro as dores e

angústias que vivi. Na caminhada encontro espinhos que me ferem, encontro pedras desde a hora em que parti.
Por isso eu canto com amor e esperança, erguendo os olhos, as mãos e inteiro coração: pra bendizer e agradecer o dom da vida ao Criador, que com amor me deu por Mãe: Nossa Senhora de Aparecida.
3. Lírios do Campo vicejantes na manhã, no entardecer murcham e secam como feno, vos ofereço o perfume que ficou em minhas mãos qual pura e eterna oferenda.
4. Jasmins e cravos, violetas e outras flores, de tantas cores vejo o povo em procissão, Senhora minha, vede o gesto de carinho, em cada mão e em cada puro coração.
5. Foi no calvário junto à cruz a Mãe das dores, na Santa Páscoa sois a Mãe das alegrias, quero voltar feliz pra casa, ó Maria, cheio de paz, esperança, amor e vida.

13. Pensando em teu coração
(Pe. Anchieta, C.Ss.R.)
De todo nosso coração,/ pensando em teu coração,/ trazemos estas lindas flores, ó mãe,/ e as colocamos em tuas mãos.
1. Flores plantadas com carinho/ e cultivadas com amor/ em nossas mãos aqui trazidas/ são para Ti, Mãe do Senhor.
2. Olha os devotos como vêm/ cheios de fé e de emoção/ trazendo flores perfumosas/ para enfeitar teu coração.
3. Abre tuas mãos, ó Mãe do Céu./ Eis o que temos pra te dar:/ presentes da mãe natureza/ para enfeitar o teu altar.
4. Tu és, ó Mãe, a flor maior,/ coração materno de Deus./ Junto do Pai e do teu Filho,/ roga por nós, os filhos teus.

14. Flores a Maria
(Pe. Anchieta, C.Ss.R.)
1. Viemos de tantos lugares/ com flores para te dar./ De nossas mãos o perfume/ em tuas mãos vai ficar,/ Maria, Serva de Deus,/ Senhora, Mãe do Socorro,/ Mulher, Flor maior.
Eis nossa oferta de flores,/ eis também nosso louvor;/ tudo é simples, singelo,/ mas é doado com amor. *(2x)*
2. Devotos e firmes na fé,/ sonhamos em mutirão,/ unidos na esperança,/ em defesa do nosso chão,/ Maria, Serva de Deus,/ Senhora, Mãe do Socorro,/ Mulher, Mãe de fé.
3. Em volta do teu lindo altar,/ formamos nosso jardim!/ É o nosso jeito de amar,/ foi Deus quem nos fez assim,/ Maria, Serva de Deus,/ Senhora, Mãe do Socorro,/ Mulher, Mãe do Amor.
4. O doce perfume das rosas,/ a luz do teu lindo olhar,/ o teu sorriso de Mãe/ inspiram-nos a cantar:/ Maria, Serva de Deus,/ Senhora, Mãe do Socorro,/ Mulher, Mãe do Céu.

15. Nessa curva do rio
(L.: Pe. Lúcio Floro/
M.: Cônego José Guimarães)
1. Nessa curva do rio, tão mansa,/ onde o pobre seu pão foi buscar,/ o Brasil encontrou a esperança:/ esta Mãe que por nós vem rezar!
O mistério supremo do amor/ com Maria viemos cantar!/ A

nossa alma engrandece o Senhor!/ Deus, que salva, hoje é Pão, neste altar!** (bis)
2. Nosso altar tem um jeito de mesa,/ e aqui somos um só coração./ Que esta festa nos dê a certeza:/ não teremos mais mesa sem pão!
3. Quando o vinho faltou, foi Maria/ que em Caná fez a prece eficaz./ Nosso povo aqui veio e confia:/ quer seu pão, e ter voz e ter paz.
4. Há soberbos no trono com tudo.../ E há pobres sem nada no chão.../ Deus é Pai! Ela é Mãe! Não me iludo:/ não és rico, nem pobre, és irmão.

16. Queremos Deus
(D.R.)
1. Queremos Deus, povo escolhido,/ em Jesus Cristo Salvador,/ que em seu amor tem reunido/ assim o justo e pecador!
Da nossa fé, ó Virgem,/ o brado abençoai./ Queremos Deus, que é nosso Rei,/ queremos Deus,/ que é nosso Pai! (bis)
2. Queremos Deus! A caridade/ é nossa lei de bons cristãos,/ pois nisto está toda a verdade:/ "Amar-nos sempre como irmãos".
3. Queremos Deus! E na esperança/ peregrinarmos sem temor,/ pois nossa fé e segurança/ nos vêm da Igreja do Senhor!
4. Queremos Deus, na sociedade,/ na lei, na escola e em nosso lar./ Justiça e paz, fraternidade,/ então, no mundo, há de reinar!
5. Queremos Deus! Todos queremos/ o sangue dar por suas leis./ Cristãos leais, nós seguiremos/ a Jesus Cristo, Rei dos reis.
6. Queremos Deus! Prontos juramos/ ao Pai divino obedecer./ E de o servir nos ufanamos:/ queremos Deus até morrer!

17. Venham todos para a Ceia do Senhor
(L.: Dom Carlos Alberto Navarro/ M.: Ir. Miria T. Kolling, ICM)
Venham, venham todos/ para a Ceia do Senhor,/ Casa iluminada,/ mesa preparada,/ com paz e amor./ Porta sempre aberta,/ Pai amigo,/ aguardando, acolhedor./ Vem do alto,/ por Maria,/ este pão que vai nos dar./ Pão dos anjos,/ quem diria,/ nos fará ressuscitar.
1. Canta a Igreja o sacrifício/ que, na cruz, foi seu início!/ E, antes, Jesus quis se entregar: Corpo e Sangue em alimento,/ precioso testamento!/ Como não nos alegrar?
2. Para a fonte "Eucaristia"/ vai sedenta romaria./ Volta em missão de transformar./ Cada um e todo o povo,/ construindo um mundo novo./ Como não nos alegrar?
3. Com a solidariedade,/ renovar a sociedade,/ pela justiça e paz lutar./ Vendo o pão em cada mesa,/ vida humana com nobreza./ Como não nos alegrar?
4. A assembleia manifesta:/ a Eucaristia é festa!/ Somos irmãos a celebrar./ Povo santo penitente,/ que se encontra sorridente./ Como não nos alegrar?
5. Cristo vive,/ se oferece,/ intercede, escuta a prece./ Em toda a terra quer morar./ Por amor é prisioneiro,/ nos aguarda o dia inteiro./ Como não nos alegrar?

18. Graças e louvores
(Pe. Ronoaldo Pelaquin, C.Ss.R.)

Graças e louvores/ nós vos damos/ a cada momento,/ ó Santíssimo/ e Diviníssimo/ Sacramento. *(bis)*

1. No sacramento misterioso do teu altar,/ o que era pão agora é a carne de Jesus./: *quero comungar o Corpo de Deus,/ quero o teu Corpo comungar:/* *(bis)*
2. No sacramento misterioso do teu altar,/ o que era vinho agora é o sangue de Jesus./: *quero comungar o Sangue de Deus,/ quero o teu Sangue comungar:/* *(bis)*
3. Se tu me deste tua vida, ó meu Senhor,/ se tu me deste tua vida em comunhão,/: *quero distribuir-te a meu irmão,/ quero distribuir-te com meu amor:/* *(bis)*

19. Eu te adoro, ó Cristo
(L.: Santo Tomás de Aquino/
M.: Pe. Ronoaldo Pelaquin, C.Ss.R.)

1. Eu te adoro, ó Cristo, Deus no santo altar./ Neste sacramento vivo a palpitar./ Dou-te, sem partilha, vida e coração,/ pois de amor me inflamo na contemplação.
Tato e vista falham, bem como o sabor./ Só por meu ouvido tem a fé vigor./ Creio o que disseste, ó Jesus, meu Deus,/ Verbo da Verdade, vindo a nós do céu.
Jesus, nós te adoramos. *(4x)*
2. Tua divindade não se viu na cruz,/ nem a humanidade vê-se aqui, Jesus./ Ambas eu confesso como o bom ladrão,/ e um lugar espero na eterna mansão.
Não me deste a dita, como a São Tomé,/ de tocar-te as chagas, mas eu tenho fé./ Faze que ela cresça com o meu amor,/ e a minha esperança tenha novo ardor.
3. Dos teus sofrimentos é memorial/ este pão de vida, pão celestial./ Dele eu sempre queira mais me alimentar,/ sentir-lhe a doçura divinal sem par.
Bom Pastor piedoso, Cristo, meu Senhor,/ lava no teu Sangue a mim tão pecador,/ pois que uma só gota pode resgatar/ do pecado o mundo e o purificar.
4. Ora te contemplo sob espesso véu,/ mas desejo ver-te, bom Jesus, no céu./ Face a face, um dia, hei de ti gozar,/ nesta doce Pátria e sem-fim te amar.

20. Jesus Cristo está realmente
(Popular brasileiro)

1. Jesus Cristo está realmente,/ de dia e de noite, presente no altar,/ esperando que cheguem as almas/ humildes, confiantes, para o visitar.
Jesus, nosso irmão,/ Jesus Redentor,/ nós te adoramos na Eucaristia,/ Jesus de Maria,/ Jesus, Rei de amor. *(bis)*
2. O Brasil, esta terra adorada,/ por ti abençoada foi logo ao nascer./ Sem Jesus, o Brasil, Pátria amada,/ não pode ser grande, não pode viver.
3. Brasileiros, quereis que esta Pátria,/ tão grande, tão bela, seja perenal?/ Comungai, comungai todo dia:/ a Eucaristia é vida imortal.

21. Viva Cristo na hóstia sagrada
(L.: Pe. João Lírio/
M.: Fr. Paulo A. de Assis)

Viva Cristo na hóstia sagrada,/ nosso Deus, nosso pão, nossa lei!/ Entre nós, no Brasil,/ Pátria

amada,/ viva Cristo Jesus, nosso Rei!
1. Brasileiros, em preces e cantos,/ vamos todos Jesus aclamar./ Rei dos homens, dos anjos e santos,/ nós te cremos presente no altar!
2. Por nós, homens, no altar, te ofereces/ a Deus Pai, como outrora, na cruz./ Também nós, nossas almas em prece,/ ofertamos contigo, Jesus.
3. No Natal, nosso irmão te fizeste,/ por bondade do teu coração,/ mas, agora, em amor tão celeste,/ queres mais, queres ser nosso Pão.
4. Hóstia santa, das almas a chama,/ sol do mundo, das noites a luz,/ o Brasil genuflexo te aclama:/ Salve Rei, Salve Cristo Jesus!

22. Louvado seja Nosso Senhor Jesus Cristo
(Pe. Ronoaldo Pelaquin, C.Ss.R.)
Louvado seja Nosso Senhor Jesus Cristo!/ Para sempre seja louvado!/ Para sempre seja louvado!
1. A história em Nazaré aconteceu,/ quando o anjo do Senhor apareceu/ à Santa Virgem Maria,/ dizendo que ela seria/ a Mãe do Filho de Deus/ e cujo nome seria/ o de Jesus Salvador,/ Jesus, o Cristo Senhor.
2. A história em nossa vida continua,/ quando a minha fé em Deus é igual a sua,/ para louvar o amor,/ que de Maria nasceu/ e que por nós na cruz morreu. Louvado seja o amor,/ louvado seja Jesus,/ Jesus, o Cristo Senhor.

23. Se eu não tiver amor
(D.R.)
Se eu não tiver amor,/ eu nada sou, Senhor! *(bis)*
1. O amor é compassivo,/ o amor é serviçal,/ o amor não tem inveja,/ o amor não busca o mal.
2. O amor nunca se irrita,/ não é nunca descortês,/ o amor não é egoísta,/ o amor nunca é dobrez.
3. O amor desculpa tudo,/ o amor é caridade,/ não se alegra na injustiça,/ é feliz, só na verdade.
4. O amor suporta tudo,/ o amor em tudo crê,/ o amor guarda a esperança,/ o amor sempre é fiel.
5. Nossa fé, nossa esperança,/ junto a Deus, terminará,/ mas o amor será eterno,/ o amor não passará.

24. Oferta de alimentos
(Silvio Lino)
1. Senhora da vida, Mãe do Salvador,/ a ti nós trazemos o pranto e a dor/ de um povo que luta à procura do pão,/ trabalho, justiça, um mundo irmão.
Por nossas mãos, em tuas mãos,/ gesto concreto do coração:/ compartilhar do que Deus dá,/ em procissão o pão partilhar.
2. Maria em Caná fez a prece eficaz:/ que o Filho Jesus não deixasse faltar/ o vinho na mesa de quem acredita;/ em Aparecida também o convida.
3. Ninguém é tão pobre que não possa dar,/ talvez, um sorriso, um abraço, um olhar./ Estender as mãos ao menor dos irmãos/ é comprometer-se com a vida cristã.

25. Queremos os dons repartir
(Silvio Lino)
Maria, Mãe Aparecida, queremos os dons repartir./: Um pouco do que temos no altar, oferecemos os frutos do suor de nossas mãos:/

1. No batismo Jesus se compromete doar a vida ao serviço dos irmãos. O Pai confirma eis meu filho muito amado. Gesto que ensina-nos a abrir o coração.
Maria, Mãe Aparecida, queremos os dons repartir. Um pouco do que temos no altar, oferecemos os frutos do suor de nossas mãos.
2. Houve uma festa em Caná da Galileia, faltando o vinho que é sinal de alegria. A Mãe alerta, e Jesus faz água em vinho. Gesto que ensina transformar nosso caminho.
3. Por toda a parte o Reino anunciava e proclamava eis o tempo de mudar, ser generoso e solidário com os pobres. Gesto que indica o caminho pra ter paz.
4. Quando ofertamos aos irmãos necessitados mesmo que pouco, mas doado com amor, o nosso rosto também é transfigurado; gesto fraterno que agrada ao Senhor.
5. Na Eucaristia Jesus se faz partilha, Pão de igualdade, repartido entre irmãos. O Pão que muda nossa sorte e nossa vida. Gesto do Cristo, que se dá em comunhão.

26. Mãe Aparecida
(José Acácio Santana)
1. Eu deixei tudo e coloquei o pé na estrada,/ pra visitar a Santa Mãe Aparecida./ Trouxe comigo uma esperança renovada/ de ser melhor e mais feliz em minha vida.
Eu vim de longe ver a Mãe Aparecida,/ Nossa Senhora Imaculada Conceição./ Quero voltar com sua bênção, Mãe querida,/ levando fé e muita paz no coração.
2. Aqui cheguei no Santuário de Maria/ e, ajoelhado, meu pedido vou fazer./ Quero que a Santa veja a minha romaria/ e me renove a alegria de viver.
3. Eu vou partir, deixando longe Aparecida./ Terei saudade dessa peregrinação./ Eu vim, contente, consagrar a minha vida/ e vou levando a paz de Deus no coração.

27. Companheira Maria
(Raimundo Brandão)
1. Companheira Maria,/ perfeita harmonia entre nós e o Pai,/ modelo dos consagrados,/ nosso sim ao chamado do Senhor confirmai.
Ave, Maria, cheia de graça,/ plena de raça e beleza,/ queres, com certeza, que a vida renasça./ Santa Maria, Mãe do Senhor,/ que se fez pão para todos,/ criou mundo novo só por amor.
2. Intercessora Maria,/ perfeita harmonia entre nós e o Pai,/ justiça dos explorados,/ combate o pecado, torna todos iguais.
3. Transformadora Maria,/ perfeita harmonia entre nós e o Pai,/ espelho de competência,/ afasta a violência, enche o mundo de paz.

28. Senhora d'Aparecida
(L.: Irmã Luiza Neves, FSP/ M.: Waldeci Farias)
1. Senhora d'Aparecida,/ Maria que apareceu/ com rosto e mão de gente:/ gesto de mãe que está presente, acompanhando o povo teu.
Senhora d'Aparecida,/ vi tua cor se esparramar/ na vida de nossa gente/ como um grito de justiça/ pra teu povo libertar.
2. Senhora d'Aparecida,/ Maria da Conceição,/ sofrendo miséria

e fome,/ não temos terra, nem salário,/ como é dura a escravidão!
3. Senhora d'Aparecida,/ Maria das romarias,/ teu povo anda sem rumo,/ vai sem destino, procurando/ vida, pão e moradia.
4. Senhora d'Aparecida,/ Maria da caminhada,/ unindo os pequeninos,/ rompendo a cerca que nos cerca/ e que interrompe a nossa estrada.
5. Senhora d'Aparecida,/ Maria, Nossa Senhora,/ é luta a nossa história,/ e a Palavra do teu Filho/ dá a certeza da vitória.

29. Louvemos, cantando
(Santo Afonso Maria de Ligório)
1. Louvemos, cantando,/ a Filha e Esposa,/ a Mãe amorosa/ de quem a criou.
Oh! Viva Maria!/ Maria, oh! Viva!/ Oh! Viva Maria/ e quem a criou!
2. Agora, Maria,/ ausente do Filho,/ qual flor, neste exílio,/ entre nós ficou!
3. Ardendo-lhe n'alma/ de Deus o desejo:/ dos céus ao bafejo,/ morrer aspirou!
4. Quem tanto a queria,/ seu divino Esposo,/ ao pleno repouso/ dos céus a chamou.
5. A morte esperava/ que os céus lhe abriria/ e a morte fugia,/ bem longe ficou.
6. O Amor sobrevindo,/ com dardo inflamado,/ o golpe esperado,/ enfim, lhe vibrou.
7. Na paz mais suave,/ de amor já ferida,/ deixando esta vida,/ feliz expirou!
8. A Pomba no voo/ alçou-se do exílio./ Nos braços, o Filho/ aos céus a levou.
9. E, agora, num trono,/ ó bela Rainha,/ te assentas vizinha/ de quem te criou.
10. Do trono que reinas,/ o olhar teu meu inflame./ Oh! Faze que eu ame/ quem sempre me amou.

30. Maria de todas as cores
(Pe. José Freitas Campos)
1. Quem és tu, Senhora, vestida de azul,/ que acolhes romeiros do Norte e do Sul?
Ave, ave, Maria!
2. Quem és tu, Senhora, de verde vestida,/ que animas teus filhos na luta da vida?
3. Quem és tu, Senhora – vermelho é teu manto –,/ que amparas, consolas teu povo no pranto?
4. Quem és tu, Senhora? És negra na cor./ Do negro, o escravo, ouviste o clamor.
5. Quem és tu, Senhora? É branca tua veste./ Libertas os pobres da fome e da peste.
6. De manto amarelo, quem és tu, Senhora?/ Conclamas o mundo à paz sem demora.
7. És Aparecida que apareceu/ ao pobre, ao pequeno, aos filhos de Deus.

31. Dulcíssima Esperança
(Santo Afonso Maria de Ligório)
1. Dulcíssima esperança,/ meu belo amor, Maria,/ tu és minha alegria./ A minha paz és tu. / Quando teu nome eu chamo/ e em ti, Maria, eu penso,/: *então um gáudio imenso/ me rouba o coração!:/*
2. Se algum mau pensamento/ vem perturbar a mente,/ se esvai apenas sente/ teu nome ressoar./

Nos mares deste mundo,/ tu és a estrela amiga,/: *que o meu barquinho abriga/ e o pode, enfim, salvar!:/*

3. Debaixo de teu manto,/ minha Senhora linda,/ quero viver e, ainda,/ espero aqui morrer./ Porque, se a ti amando/ me toca feliz sorte,/: *contigo estar na morte/ é ter seguro o céu!:/*

4. Estende-me teus braços./ De amor serei cativo./ No mundo, enquanto vivo, serei fiel a ti./ Meu coração é presa/ do teu amor clemente./: *A Deus farás presente/ do que já não é meu!:/*

32. Ó Maria, Virgem bela
(Santo Afonso Maria de Ligório)

Ó Maria, Virgem bela, outra igual nunca se viu. Criatura assim tão pura como vós não existiu.

Vosso rosto é um paraíso todo graça e pureza. Mais divina e preciosa, só Deus é a beleza.

Como estrelas reluzentes, vossos olhos... que emoção! São dois dardos que nos ferem, bem no fundo, o coração.

São de pérolas que, ao vê-las, nos cativam essas mãos. Todo bem nelas encontram os que ali buscá-lo vão.

Sois rainha à qual se curvam terra, inferno e o céu também; mas, confiando em vosso amor, pecadores aqui vêm.

Quando, ó Deus, por suma graça, lá no céu eu vos verei? Quando, quando, suspirando, com Maria eu partirei?

Do antigo inimigo, quantas almas vós livrais! Não deixeis, minha Senhora, meu Senhor perder jamais!

Revisão Teológica e Textual:
Pe. José Ulysses da Silva, C.Ss.R.
Pe. Domingos Sávio da Silva, C.Ss.R.
Pe. Eduardo Catalfo, C.Ss.R.

Redator Final:
Pe. Ferdinando Mancilio, C.Ss.R.

Organização dos cantos:
Ir. Alan Patrick Zuccherato, C.Ss.R.

Projeto gráfico e diagramação:
Silas Abner de Oliveira

Identidade Visual Novena e Festa 2023:
Conceito e roteiro: Romulo Barros
Ilustração e arte: Cláudio Machado
Núcleo de Criação do Santuário Nacional
TV Aparecida – Equipe de Videografismo – Portal A12

Revisão:
Luana Galvão

Todos os direitos reservados à **EDITORA SANTUÁRIO** – 2023

Rua Pe. Claro Monteiro, 342 – 12570-045 – Aparecida-SP
Tel.: 12 3104-2000 – Televendas: 0800 016 0004
www.editorasantuario.com.br
vendas@editorasantuario.com.br

ISBN 978-65-5527-304-5